# 汽车电子电气技术

主　编　程子杰　　崔建华　　张　瑞

副主编　刘　斌　　王　笙　　布丽布力·沙吾提

参　编　张绍军　　张　萌　　牙森·斯依提

　　　　张智臬　　阿不力米提江·罗克满江

主　审　田多林　　邱玉峰

北京理工大学出版社
BEIJING INSTITUTE OF TECHNOLOGY PRESS

## 内 容 简 介

本教材以培养技术技能人才为目标，以现代汽车电子电气系统的理论基础为重点，紧跟行业发展趋势，注重培养学生动手实践能力。本教材共 8 个项目，具体包括汽车电气系统认知、电源系统检修、起动机检修、照明与信号系统检修、点火系统检修、仪表检修、辅助电气系统检修及空调系统检修。

本教材实用性强、覆盖范围广，可作为汽车维修专业的教材，也可作为汽车维修工等的培训教材。

### 图书在版编目（C I P）数据

汽车电子电气技术 / 程子杰，崔建华，张瑞主编
. -- 北京 ：北京理工大学出版社，2023.11
ISBN 978-7-5763-3139-4

Ⅰ.①汽…　Ⅱ.①程…　②崔…　③张…　Ⅲ.①汽车-
电子技术-中等专业学校-教材②汽车-电气设备-中等
专业学校-教材　Ⅳ.①U463.6

中国国家版本馆 CIP 数据核字（2023）第 227624 号

---

**责任编辑：**陆世立　　**文案编辑：**李海燕
**责任校对：**周瑞红　　**责任印制：**施胜娟

---

**出版发行 /** 北京理工大学出版社有限责任公司
**社　　址 /** 北京市丰台区四合庄路 6 号
**邮　　编 /** 100070
**电　　话 /** （010）68914026（教材售后服务热线）
　　　　　　（010）68944437（课件资源服务热线）
**网　　址 /** http://www.bitpress.com.cn

---

**版 印 次 /** 2023 年 11 月第 1 版第 1 次印刷
**印　　刷 /** 定州启航印刷有限公司
**开　　本 /** 889 mm×1194 mm　1/16
**印　　张 /** 14
**字　　数 /** 296 千字
**定　　价 /** 98.00 元

# Preface

## 前言

当前，汽车工业飞速发展，汽车电子电气技术也在随之发生巨大变革。汽车电子电气技术的变革有利于汽车智能化、网联化、电动化、共享化发展，对于汽车安全性、舒适性也起着至关重要的作用。但随着汽车电子电气技术的普遍应用，汽车维修难度也逐渐增加，相关领域技术技能人才逐渐紧缺。因此，各院校都先后开设了汽车电子电气技术相关课程，同时增设实践环节，以满足专业领域对技术技能人才的需求。

本教材从实际需求出发，注重内容的实用性及实践性，结合技能大赛进行实践内容开发，以满足汽车电子电气技术技能人才的培养需求。本教材包括 8 个项目 21 个任务，其中项目 1 为汽车电气系统认知，包括常用检测设备的使用、汽车电气系统和汽车电路的认知、汽车常用电子元器件的检测；项目 2 为电源系统检修，包括蓄电池的检测与更换、发电机的检测与更换；项目 3 为起动机检修，包括起动机的检测与更换；项目 4 为照明与信号系统检修，包括照明与信号系统的认知、前照灯的检修、转向灯的检修；项目 5 为点火系统检修，包括火花塞的更换、点火线圈的拆装；项目 6 为仪表检修，包括仪表的认知与更换；项目 7 为辅助电气系统检修，包括电动后视镜的检修、电动车窗的检修、刮水器的检修；项目 8 为空调系统检修，包括汽车空调系统的认知、空调制冷系统的检修、空调暖风系统的检修。内容涵盖汽车整车电气系统结构认知、工作原理、拆装、故障诊断及排除等内容，采用理论与实践相结合的形式，结合技能大赛实际规范要求，对拆装步骤、更换方法、检测内容等配以大量图示，便于学生理解，使学生能够更直观、更清晰地了解操作步骤、操作规范及注意事项等。同时，本教材还设置了拓展提升模块，使学生在学习专业知识的基础上，能够了解更多相关内容，开阔视野。

本教材以培养技术技能人才为目标，在内容编写上主要具备以下特点：

（1）本教材从企业等用人单位用人需求出发，坚持就业导向，以培养学生动手实践能力为目标。

（2）采取任务驱动法。每个任务设置案例导入及任务分析，以实际案例导入，激发学生学习兴趣。同时对案例进行任务分析，明确任务的学习目标。

（3）内容覆盖范围广。本教材项目覆盖汽车整车电气系统，内容涵盖汽车整车电气系统结构认知、工作原理、拆装、故障诊断及排除等，使学生能够全面掌握汽车电子电气技术。

本教材参考和借鉴了大量汽车电子电气技术相关书籍、材料，在此向各位作者深表感谢！由于编者水平有限，书中难免存在错误和不妥之处，敬请专家和读者批评指正。

编　者

# Contents

## 目 录

# 项目 1

# 汽车电气系统认知

 **任务 1　常用检测设备的使用**

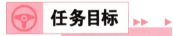 **任务目标** ▶▶ ▶

（1）了解汽车常用检测设备，正确认知常用检测设备；

（2）掌握常用检测设备的使用方法；

（3）能够运用常用检测设备进行故障诊断，熟悉操作流程；

（4）能进行维修场地的维护，注重场地环保。

常用汽车检测
设备

**案例导入** ▶▶ ▶

　　一辆轿车在夜间行驶，需要打开灯光。车主将车灯开关打到近光灯位置，近光灯无法正常亮起。

**任务分析** ▶▶ ▶

　　进行近光灯无法正常亮起的故障诊断与排除，诊断过程可能会涉及保险丝、线束等组成的测量，这就需要熟练掌握常用检测设备的使用方法。

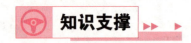 知识支撑 ▶▶▶ ▶

## 一、跨接线

跨接线主要用来短接电路，测试电路是否存在断路故障。简单的跨接线是一根多股导线，它的两端分别接有鳄鱼夹或不同形式的插头，如图 1-1-1 所示。跨接线具有多种样式，应根据测量位置的不同，选取合适的跨接线。

跨接线结构简单，但实用性强，能通过替代被怀疑断路的部分，有效测试电路是否存在断路故障。如某电气部件不工作，检测方法为：

图 1-1-1　跨接线

（1）将跨接线连接被测部件 "-" 极接线点和搭铁，若部件工作，则部件搭铁线路断路；

（2）若搭铁线路良好，则拆去与该部件相连的电源线；

（3）将跨接线连接在蓄电池 "+" 极与被测部件的电源接线柱之间，若部件工作，说明连接部件的电源电路有故障；

（4）如部件仍不能工作，说明部件有故障。

跨接线检测方法示意图如图 1-1-2 所示。

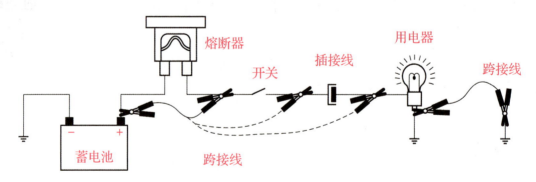

图 1-1-2　跨接线检测方法示意图

跨接线在使用过程中，要注意以下几点：

（1）用跨接线将电源电压加至部件之前，必须确认被测试部件的电源电压；

（2）避免将跨接线直接接在蓄电池两端。

## 二、试灯

试灯也称测试灯，主要用来测试电源部分故障，从而确定电源电路是否正常供电。常用试灯一般分为无源试灯和有源试灯两类。

### 1. 无源试灯

汽车上一般采用 12 V 无源试灯，其由灯泡、导线及各种型号的端头组成，如图 1-1-3 所示。无源试灯需外部电源供电才可点亮。注意：切勿使用无源试灯测试计算机控制的电路。

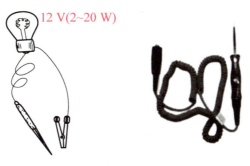

**图 1-1-3　12 V 无源试灯**

将 12 V 无源试灯一端搭铁，另一端接电气部件电源接头。如灯亮，说明电气部件的电源无故障；如灯不亮，再测接近电源方向的第二个接线点。如灯亮，则在第一个接线点与第二个接线点之间有断路故障；如灯仍然不亮，则再去测第三个接线点。以此类推，直到灯亮为止，则在最后被测接线点与上一个被测接线点之间出现断路故障，如图 1-1-4 所示。

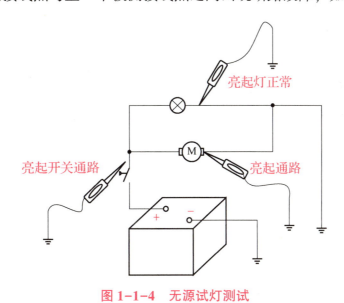

**图 1-1-4　无源试灯测试**

可用无源试灯测试保险丝是否熔断，如图 1-1-5 所示。

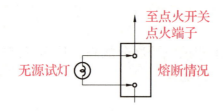

至点火开关
点火端子

无源试灯

熔断情况

图 1-1-5　无源试灯测试保险丝是否熔断

### 2. 有源试灯

有源试灯自带电源，手柄内加装 2 节 1.5 V 干电池，用来检查电气电路断路和短路故障，如图 1-1-6 所示。注意：切勿使用有源试灯测试带电电路，防止试灯损坏。

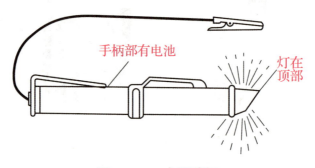

手柄部有电池

灯在
顶部

图 1-1-6　有源试灯

1）断路检查

首先断开与电气部件相连接的电源线，将试灯一端搭铁，另一端依次接电路各接线点（从电路首端开始），如灯不亮，则断路出现在被测点与搭铁之间；如灯亮，则断路出现在此被测点与上一个被测点之间。

2）短路检查

断开电气部件电路的电源线和搭铁线，测试灯一端搭铁，一端与余下电气部件电路相连接。如灯亮，表示有短路故障（搭铁）存在。然后逐步将电路中插接器脱开、开关断开、拆除部件等，直到灯灭为止，则短路出现在最后断路部件与上一个断路部件之间。

## 三、万用表

万用表有指针式万用表和数字式万用表，如图 1-1-7、图 1-1-8 所示。

数字式万用表是逐渐发展而来的。早期的万用表使用磁石偏转指针的表盘，与经典的电流计相同；现在则采用液晶显示器（Liquid Crystal Display，LCD）或真空荧光显示器（Vacuum Fluorescent Display，VFD）提供的数字显示。

图 1-1-7　指针式万用表　　　　　图 1-1-8　数字式万用表

当前，数字式测量仪表已成为主流，它具有精度高、灵敏度高、响应速度快等优点，并且正在逐步向集成化、低功耗方面发展。在数字式万用表中，被测量信号被转换成电压并被前置放大器放大，然后由数字显示屏直接显示该值，从而避免了模拟仪表在读数时因为视差的存在而带来偏差。

以如图 1-1-8 所示的数字式万用表为例，其使用步骤如下：

（1）按照测量需求，选择合适测量挡位；

（2）将测试头放在适当的输入端，黑表笔通常接公共端（COM）；

（3）测量电压、电阻、频率等时，红表笔通常插在有"VΩ"标识的位置；

（4）测量电流时，红表笔通常插在有"A"或"mA"标识的位置；

（5）选用适当的量程；

（6）根据选择的挡位正确读数。

**实践训练**

汽车近光灯检修

## 一、实施计划

针对案例中出现的故障现象，有可能出现的问题有：保险丝故障、线束故障、灯泡故障等，这都需要通过万用表进行检测，因此需要熟练掌握万用表的正确使用方法。

## 二、工量具的选用

需要用到的工具和量具有车内三件套（方向盘套、座椅套、脚垫）、翼子板布、格栅布、挡块、万用表。

## 三、实施步骤

| 序号 | 步骤 | 内容 |
|------|------|------|
| 1 | 安装车辆防护 | 打开车门，安装三件套，分别为_____、_____、_____ |
| 2 | 测量直流电压 | （1）将黑表笔插入_____插孔，红表笔插入_____插孔。<br>（2）将功能开关置于_____挡 V-量程范围，并将测试表笔连接到待测电源（测断路电压）或负载上（测负载电压降），红表笔所接端的极性将同时显示于显示器上，如图1-1-9所示。<br>（3）查看读数，并确认单位。<br>在测量时应注意：<br>（1）如不能确定被测电压范围，则置于最大量程并逐渐下降。<br>（2）若显示器只显示"1"，表示过量程，功能开关应置于更高量程。<br>（3）切勿测量高于1 000 V的电压，可能会损坏内部线路。<br>（4）当测量高电压时，要格外注意避免触电<br><br>图1-1-9　直流电压的测量 |
| 3 | 测量直流电流 | （1）将黑表笔插入"COM"插孔，当测量最大值为200 mA的电流时，红表笔插入_____插孔；当测量最大值为20 A的电流时，红表笔插入_____插孔。<br>（2）将功能开关置于直流电流挡 A-量程，并将测试表笔串联接入待测负载上，电流值显示的同时，将显示红表笔的极性，如图1-1-10所示。<br><br>测量交流<br>测量直流<br><br>图1-1-10　直流电流的测量<br><br>在测量时应注意：<br>（1）如果不能确定被测电流范围，将功能开关置于最大量程并逐渐下降。<br>（2）最大输入电流为200 mA，过量的电流将烧坏保险丝，应再更换，20 A量程无保险丝保护，测量时不能超过15 s |

续表

| 序号 | 步骤 | 内容 |
|---|---|---|
| 4 | 测量电阻 | 将表笔插进"COM"和"VΩ"插孔中，把旋钮旋到"Ω"中所需的量程，用表笔接在电阻两端金属部位。<br><br>在测量时应注意：<br><br>（1）如果被测电阻值超出所选择量程的最大值，将显示过量程"1"，应选择更高的量程，对于大于1 MΩ或更高的电阻，要几秒钟后读数才能稳定，这是正常的。<br><br>（2）当没有连接好时，如断路情况，仪表显示为"1"。<br><br>（3）当检查被测线路的阻抗时，要保证断开被测线路中的所有电源，所有电容放电。<br><br>（4）测量线路中的电阻时，确保被测线路中无电流存在，避免造成测量仪表损坏 |
| 5 | 取下防护 | 取下防护套装（翼子板布、格栅布），关闭发动机舱盖，取下三件套，将工量具归位 |

**任务评价** ▶▶ ▶

请完成以下任务评价：

任务完成情况：

| 评价项目 | 完成情况 | |
|---|---|---|
| 常用检测设备使用方法是否正确？ | □是 | □否 |
| 过程中所用工具是否归位？ | □是 | □否 |
| 工作过程中操作是否规范？ | □是 | □否 |

自我评价：

根据任务完成情况，学生进行自我评估并提出改进意见：

教师评价：

根据任务完成情况，教师对学生进行评价并提出改进意见：

请根据任务完成情况打分（满分100）

| 自我评价 | 组长评价 | 教师评价 | 总分 |
|---|---|---|---|
| | | | |

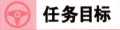

## 任务2　汽车电气系统和汽车电路的认知

### 🚗 任务目标

(1) 了解汽车电气系统，掌握汽车电气系统基本特点；

(2) 能自行查阅汽车整车电路相关资料；

(3) 能自行查阅汽车维护、保养相关资料；

(4) 能正确分析电路并在车上找到相应零部件位置；

(5) 能正确按照顺序对汽车电气系统各个部件进行基本检查。

### 🚗 案例导入

一辆轿车，车主到4S店进行首保的时候，要求对汽车电气系统进行检查。经检查，汽车电气系统正常。

### 🚗 任务分析

汽车电气系统是汽车的重要组成部分之一，其性能的好坏直接影响到汽车的动力性、经济性、可靠性、安全性、排气净化及舒适性。对汽车电气系统的检查是十分必要的。

### 🚗 知识支撑

汽车电气系统与汽车安全性、舒适性、可靠性、经济性等息息相关，随着汽车电子技术的迅猛发展，电子装备所占比例越来越高，汽车电子技术的作用也日益凸显。未来，基础电气设备将向提高品质、提高性能的方向发展，辅助电器将向拓展种类、扩大应用范围的方向发展。

## 一、汽车电气系统的特点

不同车型、不同配置的汽车所搭载的电气设备不同，安装位置等也不同。但总体来说，汽车电气系统具备以下特点。

汽车电气系统的
特点与组成

### 1. 双电源

汽车电气系统中配备有两个电源，即蓄电池和发电机。发电机为电气系统主要电源，蓄电池则为辅助电源。即使是在极端条件下（如发电机损坏，不发电），仅依靠蓄电池供电，汽车也能行驶一定里程。

### 2. 低电压

汽车电气系统的额定电压一般有 6 V、12 V、24 V 三种。低压系统具有安全性高、单元格格数少等特点，有利于蓄电池的轻量化、紧凑化。

汽油车普遍采用 12 V 电源。柴油车多采用 24 V 电源，其电源由两个 12 V 蓄电池串联而成。摩托车则多采用 6 V 电源。

### 3. 直流

现代汽车发动机要靠电力起动机起动，而给起动机供电的是蓄电池，蓄电池的充电只能采用直流电源；同时，汽车的所有用电设备都需要直流供电，为了方便使用，汽车上电气系统采用直流系统。

### 4. 并联连接

汽车上各用电设备均为并联连接，且并联于双电源。并联连接线路清晰，有利于检修，当某一支路用电设备损坏时，并不影响其他支路用电设备的正常工作。

### 5. 单线制

单线制是指汽车上所有电器设备的正极均采用导线相互连接且与蓄电池正极相连，即电源到用电设备仅通过一根导线相连；而负极则直接或间接通过导线与金属车架或车身的金属部分相连，将金属车架或其金属部分视作公共回路，即搭铁（亦称接地）。

任何一个电路中的电流都是从电源的正极出发，经导线流入用电设备后，再由电器设备自身或负极导线搭铁，通过车架或车身流回电源负极而形成回路。

### 6. 负极搭铁

采用单线制时蓄电池的一个电极需接至金属车架或金属车身上，若该电极为正电极，则称为正极搭铁，反之则为负极搭铁。我国 QC/T 413—2002《汽车电气设备基本技术条件》明确规定，我国的汽车电气系统采用负极搭铁。

### 7. 汽车电线（导线）有颜色和编号特征

为了便于区别各电路的连接，汽车所有低压导线必须选用不同颜色的单色或双色线，并在每根导线上编号，编号由生产厂家统一编定。

### 8. 设有保险装置

为了防止因电源短路（火线搭铁）或电路过载而烧坏线束，电路中一般设有保护装置，如熔断器起到短路保护作用、易熔线起到过载保护作用等。

### 9. 具有相对独立的分支系统

汽车电路由相对独立的系统组成，全车电路一般包括电源电路、起动电路、点火电路、照明与信号电路、仪表报警电路、辅助装置电路。

## 二、汽车电气系统的组成

### 1. 保险丝

1）蓄电池盖保险丝架上的保险丝（SB）

蓄电池盖保险丝架上的保险丝（SB）安装在发动机舱内左侧，如图 1-2-1 和图 1-2-2 所示，为具体保险丝位置。

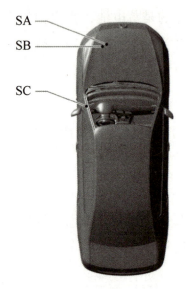

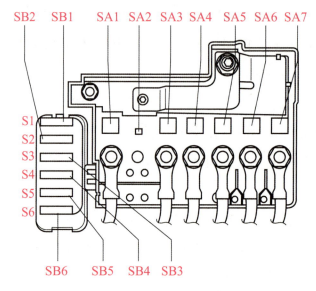

图 1-2-1　保险丝盒位置　　　　　图 1-2-2　保险丝位置

2）蓄电池盖保险丝架上的保险丝（SA）

蓄电池盖保险丝架上的保险丝（SA）安装在发动机舱内左侧，与 SB 集成一体。

3）仪表板左侧支架上的保险丝（SC）

仪表板左侧支架上的保险丝（SC）安装在仪表板左侧，如图 1-2-3 所示，为具体保险丝位置。

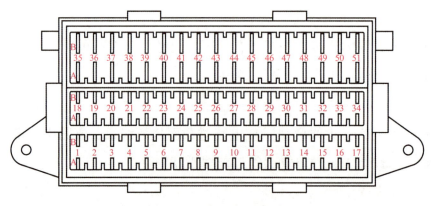

图 1-2-3　SC 保险丝盒

### 2. 仪表及显示设备

仪表及显示设备包括燃油表、水温表、车速里程表及各种显示装置，用来指示发动机与汽车的工作情况。如图1-2-4所示为别克威朗轿车仪表与显示设备。

**图1-2-4　别克威朗轿车仪表与显示设备**

### 3. 照明与信号系统

照明与信号系统的主要作用是为保证行车安全提供必要的照明，主要包括前照灯、各种照明灯、信号灯以及电喇叭、蜂鸣器等。照明与信号系统为车辆提供必要照明的同时，还能起到提示其他车辆或行人的作用。

### 4. 辅助电气系统

该系统包括电动车窗及天窗、电动后视镜、雨刮器、倒车雷达及电动门锁和防盗系统等。随着汽车电子技术的不断发展，当前辅助电气系统日益趋于向娱乐性、舒适性发展。

## 三、汽车电气系统电路图分类

### 1. 汽车电气线路图

汽车电气线路图是电气设备之间用导线相互连接的真实反映，表达了各电器之间的控制关系。电气线路图能够较好地体现整车的电气及线路连接。

### 2. 汽车电路原理图

汽车电路原理图主要反映各电气系统的工作原理及连接状态，一般由汽车电气线路图简化而来。汽车电路原理图具有以下特点：

（1）原理图中各电器设备均通过电器符号表示，且旁边标有名称等相关信息；

（2）通常，原理图中上方为电源端，下端为搭铁端，电流方向为自上而下；

（3）原理图不强调电器设备的实际安装位置、实际形状等，而是根据各系统工作原理，对电路图进行合理布局；遵循的原则是保证各系统相对独立，便于电路分析。

### 3. 线束图

在汽车上，为了安装方便和保护导线，将同路的许多导线用棉纱编织物或聚氯乙烯塑料带包扎成束。线束图是根据电气设备在汽车上的实际安装部位绘制的全车电路图。

## 四、汽车电路基本组成

汽车电路基本组成

汽车电路由电源系统、用电设备、线束、开关装置、继电器、插接器、电路保护装置等组成。下面介绍后几种组成。

### 1. 线束

线束可以分为电线和电缆及电线保护件。如图 1-2-5 所示为卡罗拉轿车的线束。

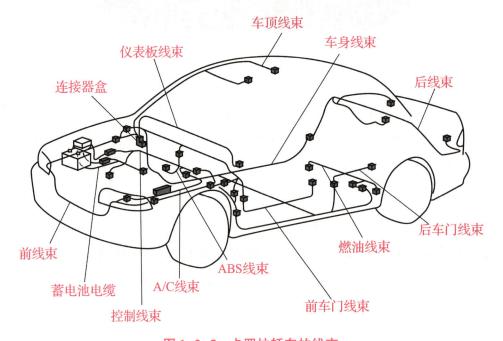

图 1-2-5　卡罗拉轿车的线束

1）电线和电缆

车辆上使用的电线和电缆主要有以下三种。

（1）低压线。

低压线是一种广泛应用于汽车上的电线，由电线和绝缘层组成，如图 1-2-6 所示。绝缘层需要具备较好的耐低温性、耐油性和阻燃性。

（2）屏蔽电缆。

屏蔽电缆的设计是为了保护其免受外部干扰，如图 1-2-7 所示，被广泛应用于无线电天线、馈线电缆、点火信号线、氧传感器信号线等领域。

图 1-2-6　低压线

（3）高压线。

高压线在发动机点火系统中承担高电压传送任务，高压线表面带有一层橡胶绝缘层，可预防高压泄漏，如图1-2-8所示。

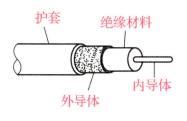

图1-2-7　屏蔽电缆

图1-2-8　高压线

2）电线保护件

电线保护件通过覆盖或绑扎线缆，或者将它们固定在其他零件上，达到保护线缆的作用，避免破坏线束，如图1-2-9所示。

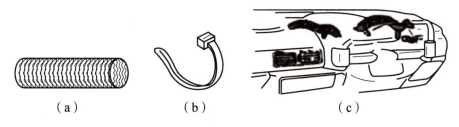

（a）　　　　　　　（b）　　　　　　　（c）

图1-2-9　电线保护件

（a）波纹管；（b）夹箍；（c）保护器

## 2. 开关装置

车用开关装置类型繁多，归纳起来基本上可分为自动式开关和手动式开关。

按工作性质不同，可分为机械式开关和电磁式开关两大类。

按功能和用途不同，可分为点火开关、照明开关、刮水器开关、空调开关等。

按结构不同，可分为推拉式开关、旋转式开关、板柄式开关、翘板式开关、压力式开关和组合式开关等多种形式。

按操纵方式不同，可分为手动开关、压力开关、温控开关、液位开关、机械开关等。

按工作状态不同，可分为常开型开关、常闭型开关和混合型开关。

## 3. 继电器

继电器可用小电流来控制承载大电流的电路，从而减小开关上的电流负荷，实现电路的通断与转换，避免烧蚀触点等问题。继电器包括微型和标准型，如图1-2-10所示。

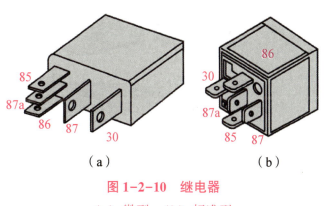

（a）　　　　　　　　（b）

图1-2-10　继电器

（a）微型；（b）标准型

### 4. 插接器

插接器的主要作用是防止线束意外松脱。为方便连接，插接器都集中在车辆的少数几个部分。插接器主要包括以下几种。

1）接线盒

电路中各连接器汇集在一起，置于接线盒内。接线盒通常由印刷电路板、保险器、继电器、断路器和其他装置构成，如图 1-2-11 所示。

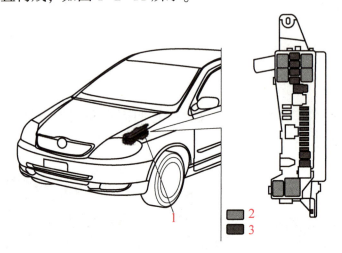

1—发动机室接线盒或继电器盒；2—继电器；3—保险器和熔断丝。

**图 1-2-11　接线盒**

2）继电器盒

虽然和接线盒十分相似，但继电器盒内并无印刷电路板或其他集中式接线功能。

3）连接器

连接器的作用是提供电气连接，用于线束间或者线束和电气组件之间。连接器分为线和线连接器及线和件连接器，如图 1-2-12 所示。连接器根据接线端的形状分为公和母两种类型。连接器也使用各种不同的颜色。使用连接器可以极大地提高线束更换维修的方便性，同时也降低维修成本。

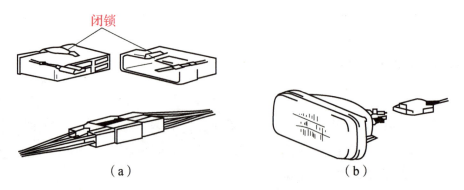

**图 1-2-12　连接器**

（a）线和线连接器；（b）线和件连接器

4）过渡连接器

过渡连接器的作用是连接同一组的连接端子，如图 1-2-13 所示。

5）接地螺栓

接地螺栓表面喷上绿色漆以防止氧化，能够将线束和电气组件接地。接地螺栓包括不完全螺纹螺栓和刚性垫圈螺栓，如图 1-2-14 所示。

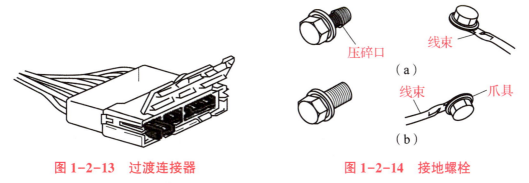

图 1-2-13　过渡连接器

图 1-2-14　接地螺栓

（a）不完全螺纹螺栓；（b）刚性垫圈螺栓

**5. 电路保护装置**

电路中流过的电流如果过大，会造成电气设备过载而损坏。因此，需在电路中串联电路保护装置，通过切断过大电流电路，保证电气系统安全。电路保护装置主要分为三种，分别是熔断器、熔断丝和断路器。

1）熔断器

熔断器又称保险器，当流过单个电器的电路超过规定值时，熔断器会熔断以保护线路。熔断器一般分为叶片型和管型，如图 1-2-15 所示。

经检查，若确定熔断器保险丝熔断，如图 1-2-16 所示，则需要进行更换。更换前，要检查新的熔断器是否和原熔断器相同。

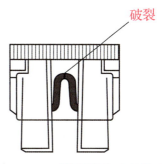

图 1-2-15　熔断器

（a）叶片型；（b）管型

图 1-2-16　熔断器保险丝熔断

2）熔断丝

熔断丝安装在电源和有大电流流过的电器之间。若出现线束与车身短路而引起电流过大的问题，熔断丝会熔断以保护线束。一般有两种类型的熔断丝：管型和连锁型，如图 1-2-17 所示。

由于热疲劳或者过载，熔断丝会烧断，如图 1-2-18 所示。

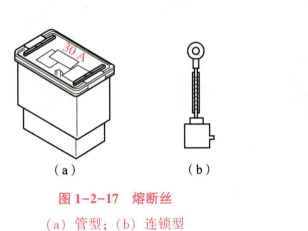

图 1-2-17　熔断丝

（a）管型；（b）连锁型

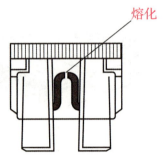

熔断器被过电流烧断

熔化

图 1-2-18　熔断丝烧断

3）断路器

断路器常用于电流较大、易过载的用电设备，如电动车窗、门锁电动机等保险器保护不了的大电流负载，如图 1-2-19 所示。

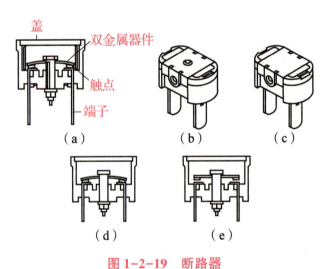

盖　双金属器件

触点

端子

（a）　（b）　（c）

（d）　（e）

图 1-2-19　断路器

（a）结构；（b）手动复位型；（c）自动复位型；（d）运行前；（e）运行后

当电流超过额定电流量时，断路器内的双金属器件发热膨胀，断开电路。甚至电流低于额定电流值时，如电流反复地在短时或长时内流动，双金属器件的温度也会升高，断开电路。和熔断器不同，将断路器的双金属器件复位后，断路器可以重复使用。断路器有两个类型：自动复位型和手动复位型。

## 五、汽车电路识图

正确识读电路图是进行汽车故障诊断排除的前提。在实际维修操作中，一定要利用"继电器位置分布图"和"电路图"来找出各个零件、接线盒和线束连接器、线束和线束连接器及系统电路的搭铁点。了解后，可以开始对故障电路进行故障排除，找出故障原因。

### 1. 汽车电路识图方法

以大众全新桑塔纳为例，介绍汽车电路的识图方法，如图 1-2-20 所示。

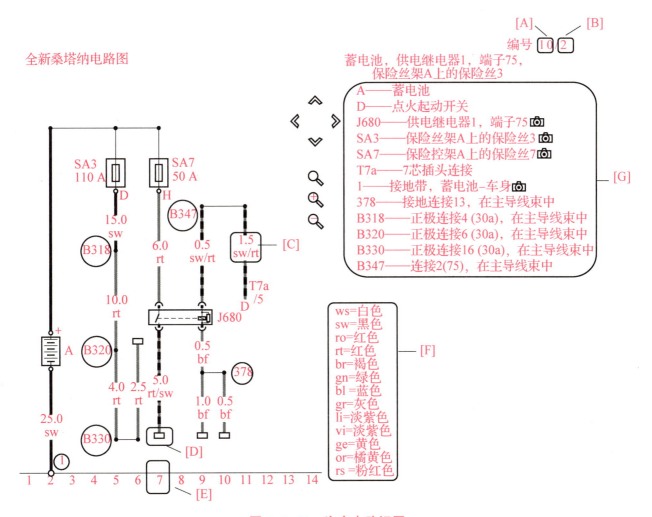

图 1-2-20  汽车电路识图

图中各个标号的意义如下。

[A]：系统名称，如图 1-2-20 所示为空调系统电路图。

[B]：当前系统页码位置，如图 1-2-20 所示为自动空调系统电路图第 2 页。

[C]：线束直径及颜色。

[D]、[E]：大众系统独有的断点式，[D] 中数字可在 [E] 中找到，线束对应位置是

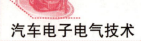

汽车电子电气技术

相连接的。

　　[F]：线束颜色说明。

　　[G]：电路图解释说明。

### 2. 汽车电路中的术语和符号

汽车电路中的术语和符号如表 1-2-1 所示。

表 1-2-1　汽车电路中的术语和符号

| 名称 | 符号 | 意义 |
|---|---|---|
| 蓄电池 | A | 存储化学能并将其转化为电能，给汽车的各个电路提供直流电 |
| 搭铁 | ① 2 | 指配线连接车身的点，给电路提供回路；如果没有搭铁，则电流不能流动 |
| 点火开关 | T7a/2 KL30　T7a/7 KL30　T79　T79 T79 | 起动车辆 |
| 继电器 | 5　2　J680　3　1 | 小电流控制大电流，保护用电器 |
| 喇叭开关 | H | 按下喇叭开关，控制喇叭继电器接地，形成回路 |

续表

| 名称 | 符号 | 意义 |
|---|---|---|
| 滑动变阻器 | | 实现仪表背景灯光亮度调节 |
| 加热丝 | | 后挡风玻璃加热丝 |
| 防盗锁止系统识读线圈 | | 读取钥匙信息, 传送至防盗系统 |
| 保险丝 | | 这是位于电源电路中的导线, 如果电负荷过大, 则会熔断, 从而保护电路。数字表示导线的横截面面积 |
| 开关 | | 控制各系统接地 |
| 灯泡 | | 相关灯光照明 |

 **实践训练** ▶▶ ▶

### 一、实施计划

针对案例中出现的情况，需要根据现有条件采取相应的措施。当汽车蓄电池亏电无法起动发动机时，可通过以下方法进行起动：对蓄电池进行充电后起动、更换蓄电池起动、通过其他车辆进行搭电起动、使用汽车起动电源起动等。

### 二、工量具的选用

需要用到的工具和量具有专用工具、翼子板布、格栅布、车内五件套（方向盘套、座椅套、挡位套、手刹套、脚垫）等。

### 三、实施步骤

| 序号 | 步骤 | 内容 |
| --- | --- | --- |
| 1 | 安装车辆防护 | 打开车门，安装五件套，分别为_____、_____、_____、_____、_____ |
| 2 | 电气系统检查 | （1）检查车灯；<br>（2）检查挡风玻璃清洗器和刮水器；<br>（3）检查喇叭；<br>（4）检查门控灯；<br>（5）检查尾灯；<br>（6）检查发电机皮带；<br>（7）检查和更换火花塞；<br>（8）检查蓄电池 |
| 3 | 取下防护 | 取下防护套装（翼子板布、格栅布），关闭发动机舱盖，取下五件套，将工量具归位 |

 **任务评价** ▶▶ ▶

请完成以下任务评价：

任务完成情况：

| 评价项目 | 完成情况 | |
| --- | --- | --- |
| 电气系统是否能正常？ | □是 | □否 |
| 过程中所用工具是否归位？ | □是 | □否 |
| 工作过程中操作是否规范？ | □是 | □否 |

自我评价：

根据任务完成情况，学生进行自我评估并提出改进意见：

教师评价：

根据任务完成情况，教师对学生进行评价并提出改进意见：

请根据任务完成情况打分（满分100）

| 自我评价 | 组长评价 | 教师评价 | 总分 |
| --- | --- | --- | --- |
| | | | |

# 任务3　汽车常用电子元器件的检测

## 任务目标 ▶▶ ▶

（1）了解汽车常用电子元器件，选择正确的检测设备；

（2）掌握汽车常用电子元器件检测方法；

（3）能进行维修场地的维护，注重场地环保。

## 案例导入 ▶▶ ▶

　　车主唐先生反映，车辆打开近光灯开关，近光灯不亮，经检测是继电器故障，更换后恢复正常。

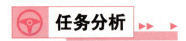

**任务分析**

继电器发生故障，检测可能会涉及继电器线圈、继电器触点等，这就需要熟练掌握继电器的检测方法。

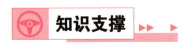

**知识支撑**

## 一、汽车常用电子元器件认知

汽车常用电子元器件认知

### 1. 电阻元件

电阻元件是对电流呈现阻力的元件，是一种限流元件。电阻元件的电阻值一般与其材料、长度、温度和横截面面积等有关。电阻的主要物理特征是变电能为热能，也可以说它是一种耗能元件。常用电阻元件如图1-3-1所示。

**图1-3-1 常用电阻元件**

电阻元件可分为线性电阻和非线性电阻两类，其图形符号如图1-3-2所示。

$$\frac{R}{\text{(a)}} \quad \frac{R}{\text{(b)}}$$

**图1-3-2 电阻元件图形符号**

（a）线性电阻；（b）非线性电阻

### 2. 电容元件

电容元件是表征产生电场、储存电场能量的元件，常用电容元件如图1-3-3所示。

**图1-3-3 常用电容元件**

电容元件图形符号如图1-3-4所示。

电容元件是一种记忆元件，有记忆电流的功能。它也是一种动态元件，其电流大小取决于电压的变化率，与电压的大小无关。电容元件有"通交流阻直流"的作用，在交流电路中相当于通路（或短路），在直流电路中相当于断路。电容元件能在一段时间内吸收外部供给的能量，并将其转化为电场能量储存起来，在另一段时间内又能把储存的电场能量释放回电路，因此电容元件是无源元件、储能元件，它本身不消耗能量。

图1-3-4　电容元件图形符号

## 3. 电感元件

电感元件是表征产生磁场、储存磁场能量的元件，常用电感元件如图1-3-5所示。

图1-3-5　常用电感元件

电感元件图形符号如图1-3-6所示。一般把金属导线在一骨架上绕成线圈，构成一个电感器。

图1-3-6　电感元件图形符号

电感元件同样是一种记忆元件。电感元件两端电压的大小与其上电流的变化率成正比，与电流的大小无关，因此它是一种动态元件。电感元件有"通直流阻交流"的作用，在直流电路中相当于短路，在交流电路中相当于阻抗。

## 4. 二极管

二极管允许电流沿一个方向（称为二极管的正向）通过，而沿相反的方向（反向）阻止电流通过，即二极管具有单向导通性。二极管可分为整流二极管、隔离二极管、发光二极管、稳压二极管等。常用二极管如图1-3-7所示。

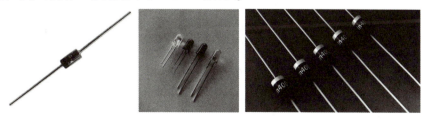

图1-3-7　常用二极管

### 5. 继电器

继电器如图 1-3-8 所示，其主要由铁心、线圈、动静接点、衔铁、返回弹簧（或簧片）等部分构成。其工作原理也很简单：只要在它的线圈两端加上一定的电压，线圈中就会流过一定的电流；由于电流的磁效应，铁心被磁化而具有磁性；动铁心（即衔铁）在电磁力吸引的作用下克服返回弹簧的拉力吸向静铁心，从而带动在衔铁上的动接点与静接点闭合；线圈断电后，电磁吸力消失，衔铁就会在返回弹簧的作用下返回原来的位置，使动接点与静接点闭合。上述衔铁吸合，叫继电器"动作"或"吸合"。相反，衔铁复位，叫继电器"释放"或"复位"。

图 1-3-8　继电器

## 二、汽车常用电子元器件检测方法

### 1. 电阻元件

电阻元件检测可以使用万用表测量法和色环读数法。

汽车电子元器件
检测

1）万用表测量法

将万用表打到量程合适的欧姆挡，将红黑表笔分别接于电阻两端（不分正负），读出示数即可。

2）色环读数法

如果色环电阻器用五环表示，前面三位数字是有效数字，第四位是 10 的倍幂，第五环是色环电阻器的误差范围，如图 1-3-9 所示。

图 1-3-9　色环电阻器

色环颜色与所代表的数字对应关系如表 1-3-1 所示。

表 1-3-1　色环颜色与所代表的数字对应关系

| 色环颜色 | 第一色环<br>（第一位数） | 第二色环<br>（第二位数） | 第三色环<br>（第三位数） | 第四色环<br>（应乘的数） | 第五色环<br>（误差） |
|---|---|---|---|---|---|
| 黑 | 0 | 0 | 0 | $\times 10^0$ | |
| 棕 | 1 | 1 | 1 | $\times 10^1$ | ±1% |
| 红 | 2 | 2 | 2 | $\times 10^2$ | ±2% |
| 橙 | 3 | 3 | 3 | $\times 10^3$ | ±3% |
| 黄 | 4 | 4 | 4 | $\times 10^4$ | |

续表

| 色环颜色 | 第一色环<br>（第一位数） | 第二色环<br>（第二位数） | 第三色环<br>（第三位数） | 第四色环<br>（应乘的数） | 第五色环<br>（误差） |
|---|---|---|---|---|---|
| 绿 | 5 | 5 | 5 | $\times 10^5$ | |
| 蓝 | 6 | 6 | 6 | $\times 10^6$ | |
| 紫 | 7 | 7 | 7 | $\times 10^7$ | |
| 灰 | 8 | 8 | 8 | $\times 10^8$ | |
| 白 | 9 | 9 | 9 | $\times 10^9$ | |
| 金 | | | | $\times 10^{-1}$ | ±5% |
| 银 | | | | $\times 10^{-2}$ | ±10% |
| 无色 | | | | | ±20% |

注：不论是五色环还是四色环，读数的时候都是从色环间距较小的那头开始读。

### 2. 电容元件

1）数码表示法

电容的数码表示法为三位数字的表示法，前两位数字为有效数字，第三位数字表示有效数字后"0"的个数，单位为pF。形式为"102""103"等，分别代表 1 000 pF、10 000 pF。

2）直标法

对于容量比较小的电容，电容上有字母或数字表示，可直接读取。

3）万用表测量法

选用万用表的电容挡位，选取合适的量程，将电容放电后直接测量。

### 3. 电感元件

电感器电感量的大小，主要取决于线圈的圈数（匝数）、绕制方式、有无磁心及磁心的材料等。通常，线圈圈数越多、绕制的线圈越密集，电感量就越大。有磁心的线圈比无磁心的线圈电感量大；磁心磁导率越大的线圈，电感量也越大。

### 4. 二极管

二极管的极性判断通常有以下两种方法。

1）观察法

用眼睛来观察发光二极管，可以发现内部的两个电极一大一小。一般来说，电极较小、个头较矮的一个是发光二极管的正极，电极较大的一个是它的负极。若是新买来的发光管，管脚较长的一个是正极。

对于整流管或稳压管，二极管有色环的一端为负极。

25

2）万用表测量法

利用二极管的单向导通性，将万用表打到二极管挡，当红黑表笔分别接到二极管的正负极时，万用表有示数，反之则示数为1。

  **实践训练** ▶▶ ▶

汽车继电器检测

## 一、实施计划

针对案例中出现的故障现象，有可能常出现的问题有：继电器线圈、继电器触点等断路，需要熟练掌握继电器检测方法。

## 二、工量具的选用

需要用到的工具和量具有车内五件套、翼子板布、格栅布、挡块、万用表。

## 三、实施步骤

| 序号 | 步骤 | 内容 |
|---|---|---|
| 1 | 安装车辆防护 | 打开车门，安装五件套，分别为_____、_____、_____、_____、 |
| 2 | 继电器检测 | （1）根据维修手册确定继电器端子，如图1-3-10所示。<br><br>图1-3-10　继电器端子 |

| 序号 | 步骤 | 内容 |
|---|---|---|
| 2 | 继电器检测 | （2）对继电器进行检测。<br>继电器检测方法如表1-3-2所示。<br><br>表1-3-2　继电器检测方法<br><br>（见下表）|
| 3 | 复检 | 维修工作完成后，确认故障是否排除：□是　　　□否 |
| 4 | 取下防护 | 取下防护套装（翼子板布、格栅布），关闭发动机舱盖，取下五件套，将工量具归位 |

表1-3-2　继电器检测方法

| 步骤 | 方法 | 测量结果 | | 结论 |
|---|---|---|---|---|
| | | 正常 | 实际 | |
| 1 | 打开近灯光开关，测量两个近光灯保险输入、输出端与搭铁之间的电压 | 12 V | 0 V | 近光灯保险以上部分出现故障 |
| 2 | 打开近灯光开关，测量近光灯继电器开关输出端端子3与搭铁之间的电压 | 12 V | 0 V | 近光灯继电器开关输出没有电，检查继电器开关输入 |
| 3 | 测量近光灯继电器开关输入端端子5与搭铁之间的电压 | 12 V | 12 V | 近光灯继电器开关供电正常，检查继电器线圈输入 |
| 4 | 测量近光灯继电器线圈输入端子1与搭铁之间的电压 | 12 V | 12 V | 继电器线圈供电正常，检查继电器线圈输出 |
| 5 | 测量近光灯继电器线圈输出端端子2在车灯开关由OFF至LOW时，与搭铁之间电压的变化 | 12 V—0 V | 0 V—0 V | 继电器供电正常，但无输出，因此继电器线圈断路 |

 **任务评价** ▶▶ ▶

请完成以下任务评价：

| 任务完成情况： | | |
| --- | --- | --- |
| 评价项目 | 完成情况 | |
| 近光灯是否正常点亮？ | □是 | □否 |
| 过程中所用工具是否归位？ | □是 | □否 |
| 工作过程中操作是否规范？ | □是 | □否 |

| 自我评价： |
| --- |
| 根据任务完成情况，学生进行自我评估并提出改进意见： |
| |
| 教师评价： |
| 根据任务完成情况，教师对学生进行评价并提出改进意见： |
| |

请根据任务完成情况打分（满分100）

| 自我评价 | 组长评价 | 教师评价 | 总分 |
| --- | --- | --- | --- |
| | | | |

# 项目2

# 电源系统检修

 **任务1  蓄电池的检测与更换** ▶ ▶ ▶

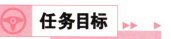 **任务目标** ▶▶ ▶

（1）了解汽车电源系统，理解蓄电池的作用，掌握蓄电池的基本特点；

（2）能够与客户交流，查阅蓄电池相关的维修技术资料；

（3）能够根据蓄电池故障现象制订维修计划，选取维修设备；

（4）能够进行蓄电池的更换，熟悉操作流程；

（5）能够进行维修场地的维护，按照要求处理废旧蓄电池；

（6）养成查阅资料的习惯，提升与客户的交流技巧，贯彻环保理念。

**案例导入** ▶▶ ▶

　　一辆轿车，车主已经一个月时间没有使用，在起动时仪表板正常点亮，同时蓄电池故障灯也点亮，转动起动机开关到起动位置时车辆不能起动。经检查，蓄电池老化导致电压低，更换蓄电池后故障排除，车辆可正常使用。

## 任务分析 ▶▶ ▶

汽车上的蓄电池和发电机统称为电源系统。车辆没有起动时，汽车电源系统是由蓄电池向外供电，车辆正常起动时由发电机通过电压调节向外供电。蓄电池故障灯点亮的原因如图2-1-1所示。

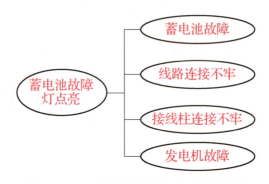

图 2-1-1　蓄电池故障灯点亮的原因

在案例中，蓄电池故障灯点亮，车辆不能起动，发动机没有工作，因此发电机不对外供电，故障与发电机无关。此时仪表板正常点亮，蓄电池能向外供电，需要进行蓄电池的检测、线路检测盒接线柱连接的检查。如果确定是蓄电池故障，则需要对蓄电池进行更换。

## 知识支撑 ▶▶ ▶

电源是电路中提供电能的设备，电源的功能是把非电能转变成电能并能够向外供电。在汽车上电源有两个，一个是蓄电池，能够把化学能转变为电能；另一个是发电机，能够把机械能转变为电能。

为了便于分析电路，通常用符号表示组成电路实际元件及其连接线，即画成所谓电路图。汽车电源电路图如图2-1-2所示。

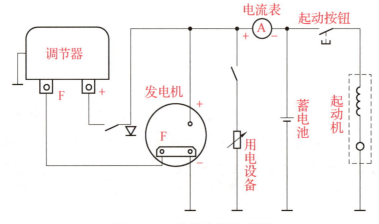

图 2-1-2　汽车电源电路图

电路图中的导线和辅助设备合称为中间环节。在电源（见图 2-1-2 中的蓄电池、发电机及调节器）和负载（用电设备和起动机）中间通过导线连接，形成一个闭合回路，起到传输电能的作用。在线路上一般还有开关等部件（见图 2-1-2 中的起动按钮等），控制回路的通断，从而控制用电设备是否工作。在电路中使用电能的各种设备统称为负载或用电设备，其功能是将电能转化为其他形式的能量。

## 一、蓄电池的位置及作用

蓄电池一般安装于发动机舱内，如图 2-1-3 所示。

蓄电池在车上的具体安装位置根据车型和结构而定，原则上离起动机越近越好；少数蓄电池安装在后备厢内，如图 2-1-4 所示。

图 2-1-3　蓄电池安装在发动机舱内

图 2-1-4　蓄电池安装在后备厢内

极少数蓄电池安装在后排乘客座椅下方；货车蓄电池的安装位置以空载时质量平衡为原则，一般装在车架前部的左侧或右侧；客车的蓄电池多装在车厢内或车体后部。

车上蓄电池的作用如下：

（1）汽车发动机起动时，蓄电池向起动机、点火系统及燃油喷射系统供电；

（2）发电机发出的电压低于蓄电池工作电压时，由蓄电池向用电设备供电；

（3）发动机中或高速运转，发电机电压高于蓄电池的工作电压时，蓄电池将发电机的剩余电能储存起来；

（4）当发电机过载时，协助发电机向用电设备供电；

（5）发动机熄火停机时，蓄电池向电子时钟、汽车电子控制单元（ECU/ECM，亦称计算机、微机、电脑）、音响设备及汽车防盗系统供电；

（6）蓄电池相当于一个大电容器，能够吸收电路中出现的瞬时过电压，保护电子元件，保持汽车电气系统电压稳定。

### 二、蓄电池的分类与要求

**1. 蓄电池的分类**

汽车上主要使用铅酸蓄电池。铅酸蓄电池根据使用场合和不同特性要求可分为起动型、固定型等。普通铅酸蓄电池在汽车上应用最广泛，其电极的主要成分为铅，电解液是稀硫酸溶液。

**2. 汽车用蓄电池的要求**

起动发动机时，蓄电池必须能在短时间（5~10 s）内向起动机连续提供强大的起动电流：汽油发动机一般需要 200~600 A；柴油发动机一般需要 500~1 000 A，甚至更大。所以，汽车用蓄电池的基本要求是容量大、内阻小，以保证蓄电池具有足够的起动能力。为满足以上要求，汽车上广泛采用起动型铅酸蓄电池，它具有内阻小、起动性能好、电压稳定、成本低、原料丰富等优点。

### 三、蓄电池的结构

现代汽车用铅酸蓄电池由六只单格电池串联而成，每只单格电池的电压为 2 V，串联后蓄电池的电压为 12 V。目前国内外汽油机汽车均选用 12 V 蓄电池；多数柴油机汽车电源电压设计为 24 V，用两只 12 V 蓄电池串联供电。

铅酸蓄电池是在盛有稀硫酸的容器内插入两组极板而构成的电能存储器，其主要由极板、隔板、电解液、外壳、联条、极柱等构成，如图 2-1-5 所示。部分结构介绍如下。

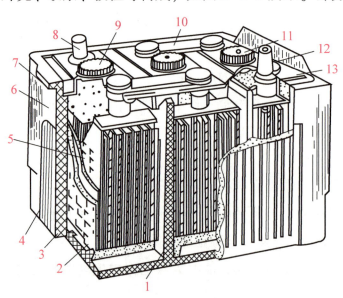

1—间壁；2—凸筋；3—负极板；4—隔板；5—正极板；6—电池壳；7—防护板；8—负接线柱；
9—通气孔；10—联条；11—加液螺塞；12—正接线柱；13—单格电池盖。

**图 2-1-5　铅酸蓄电池的结构**

### 1. 极板

极板是蓄电池的核心，由栅架和活性物质组成。极板分正极板和负极板两种。正极板上的活性物质是二氧化铅，呈棕红色；负极板上的活性物质是海绵状纯铅，呈青灰色。正、负极板上的活性物质分别填充在栅架上。在蓄电池充、放电过程中，电能与化学能的转换通过正、负极板上的活性物质与电解液中的硫酸进行电化学反应来实现。

### 2. 隔板

为了减少蓄电池内部尺寸，降低蓄电池的内阻，蓄电池内部正、负极板应尽可能靠近。为了避免相互接触而短路，正、负极板之间要用绝缘的隔板隔开。常见的隔板材料为木材、微孔塑料、玻璃纤维纸浆和玻璃丝棉等。

### 3. 电解液

电解液是蓄电池内部发生化学反应的主要物质，一般由密度为 $1.84\ g/cm^3$ 的专用硫酸和蒸馏水按一定比例配制而成，为电化学反应提供必要的离子。配置电解液时，一定要把浓硫酸缓慢倒入蒸馏水中，并不断搅拌。

电解液的密度对蓄电池的工作有重要影响，密度大，可减少结冰的危险并提高蓄电池的容量；但密度过大，黏度会增加，蓄电池的容量反而会降低，缩短使用寿命。汽车用铅酸蓄电池的电解液密度一般为 $1.24 \sim 1.30\ g/mL$，使用时电解液密度应根据地区、气候条件和制造厂家的要求而定。

### 4. 外壳

蓄电池外壳用来盛放电解液和极板组，并使蓄电池构成一个整体。外壳的材料有硬质橡胶和聚丙烯塑料两种，由间壁将其分为 3 个或 6 个相互分离的单格，底部有凸起的筋条支撑极板组，凸筋之间用来容纳脱落的活性物质，以防极板短路。橡胶外壳的每一单格有一个小盖，塑料外壳采用整体盖。普通蓄电池每格的中间有一电解液加液孔，平时拧装一个螺塞，螺塞上有一个通气小孔，在使用时应保持其畅通，使蓄电池内化学反应产生的氢气（$H_2$）和氧气（$O_2$）能随时排出。

### 5. 联条

联条用于连接蓄电池各单格。各单格电池串联连接，目的是提高蓄电池的供电电压。一个单格电池的正极与相邻单格电池的负极采用联条焊接。联条连接方式一般分为外露式、内部穿壁式或跨接式等。

为减少蓄电池内电阻和质量，现代蓄电池上采用单格电池直接联条。各个单格电池的极板通过单格电池间壁以最短的距离相互连接，这样可减少由于外部影响造成短路的危险。

**6. 接线柱**

接线柱的作用是将蓄电池的电压引出，第一个单格电池的正极板联条与正极柱相连，最后一个单格电池的负极板联条与负极柱相连。为便于识别，正极柱标"＋"，负极柱标"－"或涂蓝色、绿色等。

## 四、蓄电池的型号

按 JB/T 2599—2012《铅酸蓄电池名称、型号编制与命名方法》规定，国产蓄电池的型号共分为 3 部分，其排列如图 2-1-6 所示。

| 第1部分 | 第2部分 | 第3部分 |

**图 2-1-6　国产蓄电池的型号排列**

第 1 部分表示串联的单格电池数，用阿拉伯数字表示。例如：3 表示 3 个单格，额定电压为 6 V；6 表示 6 个单格，额定电压为 12 V。

第 2 部分表示蓄电池的类型和特征，类型代号用汉语拼音字母表示，如"Q"表示起动用铅酸蓄电池；特征代号用字母表示，如"A"表示干荷电型，具有两种特征时按顺序将两个代号并列标志。各代号具体含义如表 2-1-1 所示。

**表 2-1-1　铅酸蓄电池各代号具体含义**

| 特征代号 | 蓄电池特征 | 特征代号 | 蓄电池特征 | 特征代号 | 蓄电池特征 |
|---|---|---|---|---|---|
| A | 干荷电型 | J | 胶体电解液 | D | 带液式 |
| H | 湿荷电型 | M | 密封式 | Y | 液密式 |
| W | 免维护型 | B | 半密封式 | Q | 气密式 |
| S | 少维护型 | F | 防酸式 | I | 激活式 |

第 3 部分表示蓄电池的额定容量，我国目前规定采用 20 h 放电率的额定容量，单位为 A·h。

此外，有的蓄电池在额定容量后面用一个字母表示其具有的特殊性能。例如："Q"代表高起动率；"S"代表塑料槽；"D"代表低温起动性能好。

例如，6-QA-70D，其中：

6——用阿拉伯数字表示串联的单格电池数；

QA——用汉语拼音字母表示蓄电池的主要用途和类型，即起动用，干荷电型蓄电池；

70——用数字表示 20 h 放电率额定容量，70 A·h；

D——用汉语拼音字母表示蓄电池的特殊性能，即低温起动性能好。

## 五、蓄电池的容量及其影响因素

蓄电池的容量是指蓄电池在规定条件（包括放电温度、放电电流和放电终止电压）下放出的电量多少或放电时间长短，单位为 A·h 或 A·min。主要包括以下指标。

### 1. 理论容量

假定活性物质全部参加放电反应，由活性物质质量按法拉第定律计算所得容量称为理论容量。

### 2. 实际容量

蓄电池实际放出的电量称为实际容量。实际容量等于放电电流与放电时间的乘积。

### 3. 20 h 放电率额定容量

额定容量是检验蓄电池质量的重要指标之一。根据 GB/T 5008.1—2013《起动用铅酸蓄电池 第 1 部分：技术条件和试验方法》的规定，以 20 h 放电率的放电电流在电解液初始温度为 25 ℃，电解液密度为 1.28 g/mL 的条件下，持续放电到单格蓄电池电压下降到终止电压（1.75 V）。在此过程中，蓄电池所输出的总电量，称为该蓄电池的 20 h 放电率额定容量。例如，6-QA-60 型蓄电池，在电解液初始温度为 25 ℃时，以 3 A 的放电电流持续放电 20 h，单格蓄电池电压降到 1.75 V，则其额定容量为：3 A×20 h=60 A·h。

### 4. 额定储备容量

美国汽车工程师学会规定了另外一种蓄电池容量表示方法——储备容量表示法。我国 GB/T 5008.1—2013《起动用铅酸蓄电池 第 1 部分：技术条件和试验方法》也对储备容量的定义和试验方法做出了相应的规定。

蓄电池的额定储备容量是指完全充足电的蓄电池，在电解液初始温度为 25 ℃条件下，以 25 A 的电流持续放电，直至单格蓄电池电压下降到 1.75 V。在此过程中，蓄电池的持续放电时间，称为该蓄电池的额定储备容量，单位为 min。

蓄电池的额定储备容量表征汽车在充电系统失效时，蓄电池能为照明和点火系统等用电设备提供 25 A 恒定电流的能力。汽车装备的蓄电池的额定储备容量越大，则该车在充电系统失效状态下的持续行驶能力也就越强。

### 5. 起动容量

蓄电池的起动容量表征蓄电池在发动机电力起动时的供电能力，用倍率和持续时间表示。蓄电池的起动容量有常温起动容量和低温起动容量两种定义方法。

1）常温起动容量

蓄电池的常温起动容量是指完全充足电的蓄电池，在电解液初始温度为25 ℃条件下，以5 min放电率的电流持续放电5 min，直至单格蓄电池电压下降至1.50 V。在此过程中，蓄电池所输出的总电量，称为该蓄电池的常温起动容量。

2）低温起动容量

蓄电池的低温起动容量是指完全充足电的蓄电池，在电解液初始温度为-18 ℃条件下，以5 min放电率的电流持续放电2.5 min，直至单格蓄电池电压下降至1.00 V。在此过程中，蓄电池所输出的总电量，称为该蓄电池的低温起动容量。

### 6. 影响蓄电池容量的因素

蓄电池的容量不是一个固定不变的常数，它与很多因素有关，归纳起来可分为两类：一类是与生产工艺及产品结构有关的因素，如活性物质的数量、极板的厚薄、活性物质的孔率等；另一类是使用条件，如放电电流、电解液温度和电解液相对密度等，其中使用条件是蓄电池应用过程中容量的主要影响因素。

汽车蓄电池检测与更换

## 一、实施计划

针对案例中出现的故障现象，有可能出现的问题有：蓄电池故障、接线柱连接不牢和线路故障。在实际实施中应该遵循由易到难、由不拆解到拆解的原则。因此制订故障诊断排除计划如图2-1-7所示。

## 二、工量具的选用

需要用到的工具和量具有万用表、蓄电池接线柱螺栓对应的扳手、翼子板布、格栅布。

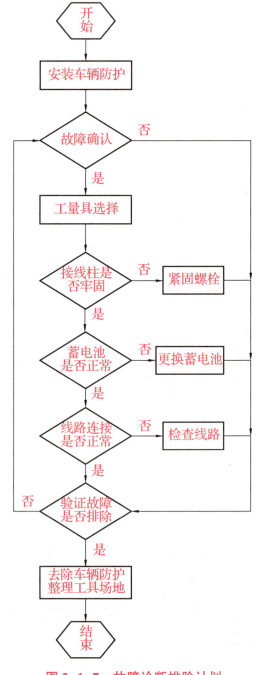

图2-1-7　故障诊断排除计划

## 三、实施步骤

| 序号 | 步骤 | 内容 |
|---|---|---|
| 1 | 安装车辆防护 | 打开车门，安装三件套，分别为_____、_____、_____ |
| 2 | 故障确认 | 打开点火开关，仪表板是否亮起：□是　　□否<br>电源故障指示灯是否亮起：□是　　□否<br>将点火开关转动至起动位置，起动机是否转动：□是　　□否 |
| 3 | 故障排除 | 打开发动机舱盖，安装防护套装，分别为_____、_____。<br>1. 检查蓄电池接线柱是否受损或腐蚀：□是　　□否<br>蓄电池电极松动或腐蚀，将无法保证蓄电池接线端能接触良好。如果端子腐蚀，则清洁或更换端子。检查蓄电池连接线是否完好连接，连接蓄电池接线端时，请使用车辆维修手册中规定的拧紧力矩。如果蓄电池接线端未正确插上和拧紧，可能导致线路接触不良，以致电气设备不能正常工作，无法确保汽车安全运行。<br>如蓄电池接线柱正常，则进行第 2 步操作。<br>2. 检查蓄电池是否有损坏和变形：□是　　□否<br>目测蓄电池壳体是否损坏，壳体损坏会导致酸液流出。流出的蓄电池酸液会对车辆造成严重损坏，应迅速用电解液稀释剂或肥皂液处理被电解液所接触的汽车零件。如果发现外观严重损坏、变形或有电解液泄漏，则更换蓄电池。<br>如蓄电池外观正常，则进行第 3 步操作。<br>3. 测量蓄电池电压<br>测量蓄电池电压之前，关闭所有的电气系统。<br>将万用表设置到直流电压测量范围，将万用表黑色表笔与蓄电池负极端子相连，万用表红色表笔与蓄电池正极端子相连，如图 2-1-8 所示。<br><br>图 2-1-8　测量蓄电池电压 |

续表

| 序号 | 步骤 | 内容 |
|---|---|---|
| 3 | 故障排除 | 测量电压为_____V。<br>蓄电池电压在 10~14 V 范围内都为正常。<br>如测量电压不在正常电压范围内，则说明存在故障，是蓄电池故障还是车身电气故障则需进一步检查。<br>在起动发动机时检查蓄电池电压。如果电压低于 9.6 V，则对蓄电池重新充电或更换蓄电池。<br>如故障依然存在，则进行第 4 步操作。<br>4. 检查线路故障<br>检查蓄电池至起动机的线路是否正常：□是　　□否<br>搭铁是否正常：□是　　□否 |
| 4 | 复检 | 维修工作完成后，确认故障是否排除：□是　　□否 |
| 5 | 取下防护 | 取下防护套装，关闭发动机舱盖，取下三件套，将工量具归位 |

## 任务评价

请完成以下任务评价：

| 任务完成情况： | | |
|---|---|---|
| 评价项目 | 完成情况 | |
| 车辆是否能正常起动？ | □是 | □否 |
| 过程中所用工具是否归位？ | □是 | □否 |
| 工作过程中操作是否规范？ | □是 | □否 |
| 车辆是否能正常行驶？ | □是 | □否 |
| 自我评价： | | |
| 根据任务完成情况，学生进行自我评估并提出改进意见： | | |
| 教师评价： | | |
| 根据任务完成情况，教师对学生进行评价并提出改进意见： | | |

续表

| 请根据任务完成情况打分（满分100） | | | |
|---|---|---|---|
| 自我评价 | 组长评价 | 教师评价 | 总分 |
|  |  |  |  |

 拓展提升 ▶▶ ▶

### 蓄电池的更换

拆卸蓄电池之前一定要了解该车型是否需要做相应处理，以防对防盗、音响等形成影响。对于某些轿车，拆卸蓄电池后将删除车辆中存储的信息。确定无影响后，方可进行拆卸操作。

拆卸蓄电池时必须先拆卸负极电缆，后拆卸正极电缆。蓄电池安装时必须先安装正极电缆，后安装负极电缆。

1. 断开和连接蓄电池电缆

（1）关闭点火开关及所有用电器，并拔出点火钥匙；

（2）松开蓄电池负极电缆总成的紧固螺母，取下负极电缆总成，如图2-1-9中1所示；

（3）打开蓄电池正极盖板；

（4）松开蓄电池正极电缆总成的紧固螺母，将正极电缆拆下，如图2-1-9中2所示。

2. 蓄电池的拆卸

（1）取下蓄电池压板，如图2-1-9中3所示；

（2）将手柄向上翻起，取出蓄电池。

图2-1-9 蓄电池的拆卸

### 3. 蓄电池的安装

安装以倒序进行，同时必须注意以下几点。

（1）一定要先接正极线，再接负极搭铁线，以防工具跌落搭铁引起蓄电池短路。接线前要用细砂纸清洁接线柱和接线头。

（2）连接电缆总成上的接线柱夹头时，螺栓上应先涂上凡士林或润滑剂，以防氧化生锈，便于以后拆装。

（3）按规定力矩拧紧蓄电池压板螺栓和蓄电池正、负极电缆。

（4）安装完毕后检查蓄电池是否牢固。如果蓄电池安装不牢固，由于震荡造成蓄电池损坏（导致爆炸危险），会缩短蓄电池的使用寿命；如果蓄电池固定不正确，将导致蓄电池箱隔板损坏；如果压板固定不正确，会造成蓄电池壳体损坏（有可能出现电解液泄漏，后果严重）等故障。

# 任务2　发电机的检测

## 任务目标

（1）能够与客户交流，查阅发电机相关的维修技术资料；

（2）能够根据发电机故障现象制订维修计划，选取维修设备；

（3）能够进行维修场地的维护，贯彻环保理念。

## 案例导入

一辆行驶数万公里的轿车，车主王先生在驾驶途中发现仪表板上发电指示灯间接性点亮，于是到汽车维修中心进行检测。经过维修人员的检测，发现王先生的汽车发电机存在发电不稳的情况，更换发电机后恢复正常。

## 任务分析

汽车上的电源系统由蓄电池和发电机组成，其中蓄电池和发电机都承担着向外供电的重要职责。在车辆未起动时，汽车上的用电设备主要依靠蓄电池供电；而车辆起动后，则由发电机和电压调节器向汽车上的用电设备提供电能。那么在行驶中发电指示灯间接性点亮的原因可能是如图2-2-1所示的任何一种情况。

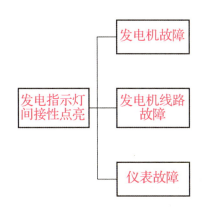

图 2-2-1　发电指示灯间接性点亮的原因

当车辆静止时，发动机没有工作，因此发电机不对外供电，此时，仪表板上发电指示灯应常亮；当发动机起动后带动发电机工作，开始向用电器提供电能并对蓄电池进行充电，此时，仪表板发电指示灯应熄灭。

根据案例中的现象，车辆起动后，仪表板发电指示灯间接性点亮，因此需要进行发电机的检测、线路的检测和仪表的检查。如果确定是发电机故障，则需要对发电机进行更换。

🛞 **知识支撑** ▶▶ ▶

汽车电源主要包括蓄电池和发电机。由于蓄电池存储能力有限，无法满足长时间为汽车用电设备供电的需求。因此，蓄电池只能作为辅助电源，发电机才是汽车电气系统的主要供电电源。

硅整流发电机由于具有体积小、质量小、比功率大、低速充电性能好和维修方便等优点，被广泛应用。目前国内外生产的汽车用硅整流发电机的结构基本相同，都是由三相同步交流发电机和硅二极管整流器两大部分组成。

## 一、发电机的作用

发电机的作用是将发动机的部分机械能转变为电能，向除起动机以外的所有用电设备供电，并能及时对蓄电池进行补充充电。

## 二、发电机的结构

三相同步交流发电机主要由发电机转子总成、发电机定子总成、发电机驱动端端盖总成、发电机电刷架总成、发电机后端盖、皮带轮及其他连接件组成。如图 2-2-2 所示为三相同步交流发电机的组件图。

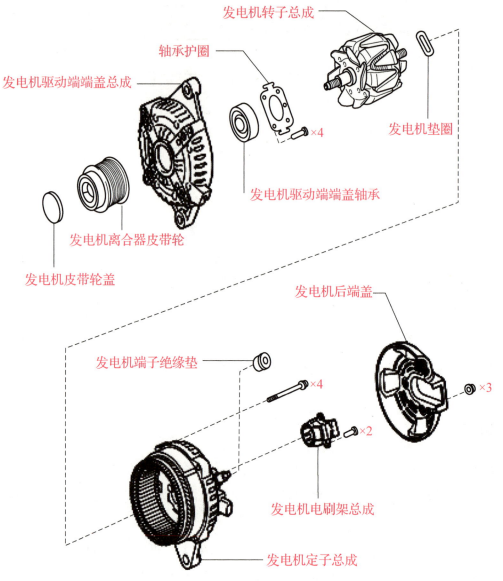

发电机转子总成

轴承护圈

发电机驱动端端盖总成

发电机垫圈

发电机驱动端端盖轴承

×4

发电机离合器皮带轮

发电机皮带轮盖

发电机后端盖

发电机端子绝缘垫

×4

×3

×2

发电机电刷架总成

发电机定子总成

图 2-2-2　三相同步交流发电机的组件图

## 1. 发电机转子总成

发电机转子总成的作用是产生旋转磁场。它主要由转子轴、两块爪形磁极、磁轭、磁场绕组、滑环等部件构成，如图 2-2-3 所示。

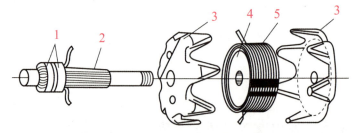

1—滑环；2—转子轴；3—爪形磁极；4—磁轭；5—磁场绕组。

图 2-2-3　交流发电机转子总成

转子轴用优质钢车削而成,中部有压花,一端有半圆键槽和米制螺纹。

磁场绕组用高强度漆包铜线绕一定匝数而成,套装在磁轭上,两个线头分别穿过一块磁极的小孔与两个滑环焊固。

磁极为爪形,又称鸟嘴形,用低碳钢板冲压或用精密铸造浇铸而成。两块磁极压装在转子轴上,各具有数目相等的爪极。

爪极间的空腔装有铁心,即磁轭。导磁用的磁轭用软磁材料的低碳钢制成,压装在转子轴的中部。

滑环由导电性能优良的铜制成,两个滑环之间及与转子轴之间均用云母绝缘。滑环与装在后端盖上的碳刷相接触。

当碳刷与直流电源接通时,励磁绕组中便有励磁电流流过,产生磁场,使得一块爪极被磁化为 N 极,另一块爪极为 S 极,从而形成了六对相互交错的磁极。

### 2. 发电机定子总成

发电机定子总成又称电枢,它的作用是产生三相交流电。

发电机定子总成由定子铁心和定子绕组组成。定子铁心由相互绝缘的硅钢片叠成环状,环的内圆表面开有线槽,电枢三相绕组按一定规则对称嵌放在槽内。绕组是用高强度漆包线在专用模具上绕制的。为了在三相绕组中产生大小相等、频率相同,且相位相差 120° 的对称电动势,每相绕组的线圈个数及每个线圈的匝数都是完全相同的。发电机定子总成如图 2-2-4 所示。

三相绕组的连接方法可分为星形连接（Y 形连接）和三角形连接（△形连接）两种,如图 2-2-5 所示。

**图 2-2-4　发电机定子总成**

星形连接如图 2-2-5（a）所示,每相绕组的一个端头都接至公共接点,另外三个端头分叉成 Y 形,作为发电机输出端。因此,星形连接又称 Y 形连接。由于星形连接具备低速发电性能好的优点,因此目前车用发电机多采用星形连接。

星形连接中的公共接点称为中性点,用 "N" 来表示。中性点对发电机外壳（搭铁）之间的电压称为中性点电压,其数值等于发电机输出电压的一半。中性点电压用途很广,常用来控制充电指示灯和各种用途的继电器,如控制空调继电器、磁场继电器等。

三角形连接的特点是三相绕组的端头彼此首尾相接,形似三角形,如图 2-2-5（b）所示。三角形连接的优点是发电机内部损失小,在高转速时能产生较大的输出电流,因此主要用在高转速时要求有高输出功率的交流发电机上。三角形连接的缺点是低转速时,输出电压较低。

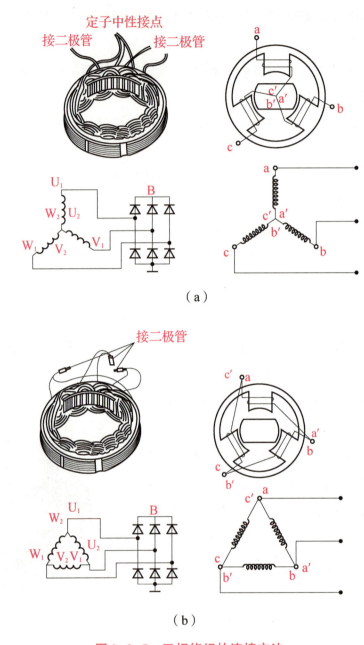

图 2-2-5　三相绕组的连接方法

（a）星形连接；（b）三角形连接

### 3. 整流器

整流器的作用是把交流发电机产生的三相交流电转变成直流电并向外输出，整流器一般由六只整流二极管和散热板组成。

交流发电机用的整流二极管分为正二极管和负二极管两种。正二极管的中心引线为正极，外壳为负极，管壳底部一般有红字标记。负二极管的中心引线为负极，外壳为正极，管壳底部一般有黑字标记。

三只正二极管的外壳压装或者焊接在铝合金散热板的三个孔中，共同组成发电机的正极。由固定散热板的螺栓通至外壳外（元件板与外壳绝缘），作为交流发电机的输出接线柱"B"接线柱（也有标"+"或"电枢"字样的），如图 2-2-6 所示。

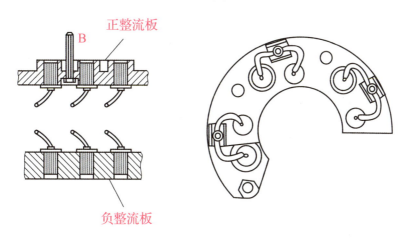

图 2-2-6　散热板二极管的安装

三只负二极管的外壳压装或焊接在与后端盖相连接的散热板上，或者直接压装在后端盖的三个孔中，和发电机的外壳共同组成发电机的负极。

### 4. 发电机驱动端端盖总成

发电机驱动端端盖总成包括发电机驱动端端盖及发电机驱动端端盖轴承，如图 2-2-7 所示。

发电机驱动端端盖又称为前端盖，通常采用非导磁材料铝合金制成，漏磁少，质量小，散热性能好。前端盖的作用是支撑转子，安装和封闭内部构件。

前端盖中心安装深沟球轴承，外围有通风孔和组装螺孔。前端盖有突出的安全臂和调整臂，外侧为驱动发电机旋转的皮带轮。

图 2-2-7　发电机驱动端端盖总成

发电机驱动端端盖轴承为深沟球轴承，用于安装发电机转子轴，保证转子正常运转。

### 5. 发电机电刷架总成和后端盖

后端盖的作用为固定转子、定子、整流器和电刷组件。后端盖与前端盖相同，均由铝合金压铸而成。

发电机后端盖内装有电刷架总成，主要包括电刷、电刷架和电刷弹簧。

电刷架内装电刷和电刷弹簧，电刷弹簧能够有效地保持电刷与滑环的接触。电刷架由酚醛玻璃纤维塑料模压而成，或用玻璃纤维增强尼龙制成。

电刷的作用是将电源通过滑环引入磁场绕组。两只电刷装在电刷架中的导孔内。一般电刷的安装方式有两种，即外装式和内装式，如图 2-2-8 所示。两个电刷中与发电机外壳绝缘的称为绝缘电刷，其引线接到发电机后端盖外部的接线柱"F"上，称为发电机的磁场接柱。另一个电刷是搭铁的，称为搭铁电刷。

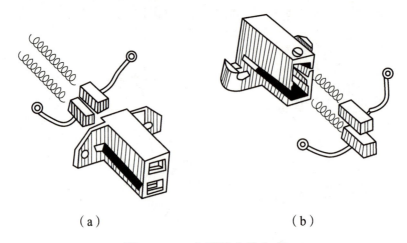

（a）                                （b）

图 2-2-8　电刷的安装方式

（a）外装式；（b）内装式

### 6. 风扇

风扇的作用是通风冷却。不同发电机风扇安装位置有所区别，如丰田卡罗拉轿车发电机风扇装在转子总成上，用于降低运转过程中转子的温度，如图 2-2-9 所示。

### 7. 皮带轮

皮带轮通常用铸铁或铝合金制成，分为单槽和双槽两种，卡罗拉轿车上采用的是单槽式。皮带轮利用半圆键装在风扇外侧的转子轴上，用弹簧垫片和螺母紧固。

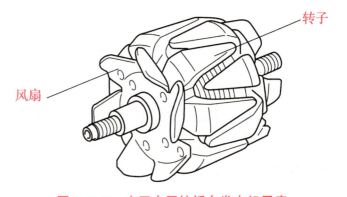

图 2-2-9　丰田卡罗拉轿车发电机风扇

## 三、发电机的型号

根据我国汽车行业标准 QC/T 73—1993《汽车电气设备产品型号编制方法》的规定，汽车交流发电机型号主要包括产品代号、电压等级代号、电流等级代号、设计序号、变型代号 5 部分，如图 2-2-10 所示。

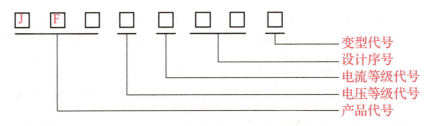

图 2-2-10　汽车交流发电机型号

### 1. 产品代号

产品代号用拼音字母表示，分别为 JF、JFZ、JFB、JFW：JF——普通交流发电机；JFZ——整体式交流发电机；JFB——带泵的交流发电机；JFW——无刷交流发电机。

### 2. 电压等级代号

电压等级代号用 1 位阿拉伯数字表示：1——12 V 系统；2——24 V 系统；6——6 V 系统。

### 3. 电流等级代号

电流等级代号也用 1 位阿拉伯数字表示，其含义如表 2-2-1 所示。

表 2-2-1　电流等级代号的含义

| 代号 | 1 | 2 | 3 | 4 | 5 | 6 | 7 | 8 | 9 |
|---|---|---|---|---|---|---|---|---|---|
| 电流等级/A | 19 | 20~29 | 30~39 | 40~49 | 50~59 | 60~69 | 70~79 | 80~89 | ≥90 |

### 4. 设计序号

设计序号用 1~2 位阿拉伯数字表示，表示产品设计的先后顺序。

### 5. 变型代号

交流发电机以调整臂位置作为变型代号，从驱动端看，调整臂在左端用 Z 表示，调整臂在右端用 Y 表示，调整臂在中间不加标记。

## 四、发电机的工作原理

### 1. 交流发电机的发电原理

交流发电机发电基于电磁感应原理：交流发电机把转子通电产生的磁场在发电机中旋转，从而使穿过定子绕组的磁通量发生变化，在定子绕组内产生交流感应电动势。如图 2-2-11 所示，交流发电机的发电原理为：当励磁绕组有电流通过时，励磁绕组便产生磁场，转子轴上的两个爪极分别被磁化为 N 极和 S 极。当转子旋转时，磁极交替地在定子铁心中穿过，形成旋转的磁场，磁力线和定子绕组之间产生相对运动，使通过定子绕组的磁通量发生变化，在定子绕组中产生交流感应电动势。

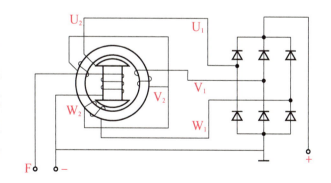

图 2-2-11　交流发电机的发电原理

实际使用的交流发电机是转子的转速与旋转磁场的转速相同（同步转速）的三相交流发电机，即三相同步交流发电机。

### 2. 整流原理

汽车用电设备均需直流供电方式供电。因此，定子绕组中所感应出的交流电，需要利用二极管组成的整流器，将交流电转变为直流电。二极管具有单向导电性。给二极管加上正向电压，则导通，此时呈现低电阻状态；给二极管加上反向电压，则截止，此时呈现高电阻状态。将定子绕组产生的交流电转化为直流电，就是利用了二极管的单向导通性。三相桥式整流电路及电压波形如图 2-2-12 所示。

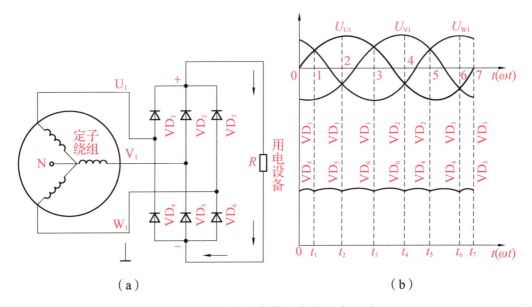

**图 2-2-12　三相桥式整流电路及电压波形**

（a）三相桥式整流电路；（b）三相交流电的电压波形

如图 2-2-12 所示，三个负二极管 $VD_4$、$VD_5$、$VD_6$ 的阳极并接在负极板上或后端盖，三个正二极管 $VD_1$、$VD_2$、$VD_3$ 的阴极并接在正极板上。同时导通的二极管分别包括一个正二极管和一个负二极管，两个二极管总是将发电机的电压加在用电设备 $R$ 的两端。

1）二极管导通原则

正二极管：在某一瞬间，正极端电位（电压）最高者导通。此时，另外两只二极管的正极电位低于负极，则不会导通。

负二极管：在某一瞬间，负极端电位（电压）最低者导通。此时，另外两只二极管的负极电位高于正极，则不会导通。

2）整流过程

当 $t=0$ 时，$U_{W1}$ 电位最高，而 $U_{V1}$ 电位最低，所对应的二极管 $VD_3$、$VD_5$ 均处于正向导通。电流从绕组 W 出发，经 $VD_3 \rightarrow$ 用电设备 $R \rightarrow VD_5 \rightarrow$ 绕组 V 构成回路。由于二极管的内阻很小，所以此时发电机的输出电压可视为 W、V 绕组之间的线电压，即 $U_{W1}-U_{V1}$。

在 $t_1 \sim t_2$ 时间内，$U_{U1}$ 相的电位最高，而 $U_{V1}$ 相电位最低，所对应的二极管 $VD_1$、$VD_5$ 处

于正向导通。同理，交流发电机的输出电压也可视为 U、V 绕组之间的线电压，即 $U_{U1}-U_{V1}$。

依此类推，在负载上便可获得一个比较平稳的直流脉动电压，该电压值约为三相交流电线电压的 1.35 倍。

由以上可知：在三相桥式整流电路中，三只正极管和三只负极管都是轮流工作的，所以流过每只二极管的平均电流 $I_p$ 仅为负载电流 $I_f$ 的三分之一。

## 五、发电机零部件检测

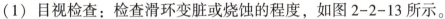

汽车发电机
分解与检测　　汽车发电机
组装与检测

### 1. 转子总成的检测

（1）目视检查：检查滑环变脏或烧蚀的程度，如图 2-2-13 所示。

（2）清洗：用布料和毛刷清洁滑环和转子。如果脏污和烧蚀明显，需更换转子总成。

（3）检查滑环的导通性：转子是一个旋转的电磁体，内部有一个线圈。线圈的两端连接到滑环上。通过检查滑环之间是否导通可以探测线圈内部是否断路。

用数字式万用表的欧姆挡检测两滑环之间的电阻，应符合技术标准，如图 2-2-14 所示。若阻值为"∞"，则说明断路。

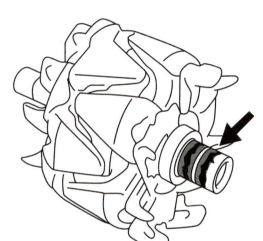

（4）检查滑环的绝缘性：在滑环和转子之间存在一个切断电流的绝缘状态。

图 2-2-13　转子总成目视检查

用万用表欧姆挡检测滑环与铁心之间的绝缘情况，如图 2-2-15 所示。若阻值为"∞"，则绝缘性良好。

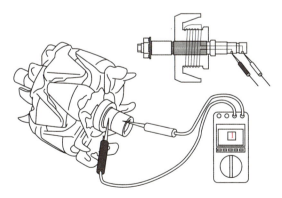

图 2-2-14　滑环导通性检测

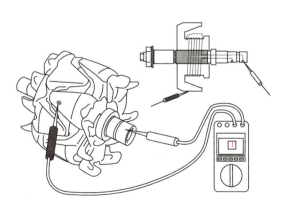

图 2-2-15　滑环绝缘性检测

（5）检查滑环的厚度：用游标卡尺测量滑环的厚度，如图 2-2-16 所示。如果超出极限，则更换转子。

（6）转子轴的测量：转子轴的弯曲会造成转子与定子之间的摩擦或碰撞，因此要进行转子轴的测量。

用百分表检查轴的弯曲，如图 2-2-17 所示。弯曲度不超过 0.05 mm（径向圆跳动公差不超过 0.1 mm），否则应予校正。爪形磁极在转子轴上应固定牢靠、间距相等。

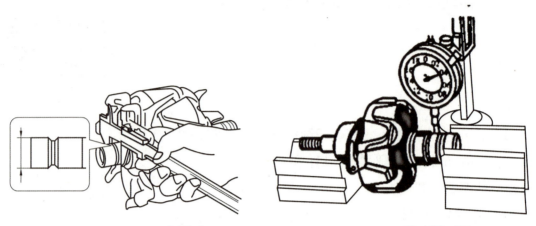

图 2-2-16　滑环厚度检测　　　　　　图 2-2-17　转子轴测量

### 2. 整流器的检测

使用万用表的二极管挡位进行检测，在整流器的端子 B 和端子 P1 到 P4 之间测量，交换测试导线时，检查是否只能单向导通。改变端子 B 至端子 E 的连接方式，测量过程同上，如图 2-2-18 所示。

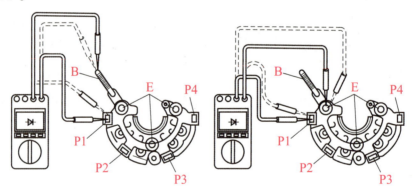

图 2-2-18　整流器检测

### 3. 定子的检测

1）定子导通性检测

用万用表欧姆挡检测定子绕组三个接线端，两两相测，如图 2-2-19 所示。若测量结果小于 1 Ω 且相等，则为正常。若阻值为"∞"，说明断路。

用万用表欧姆挡分别检测定子三个接线端和中性点之间的电阻值，若阻值为"∞"，说明断路。

2）定子绝缘性检测

检查定子绕组与定子铁心间的绝缘情况。用万用表欧姆挡检测定子绕组接线端与铁心间的电阻，如图2-2-20所示。若阻值为"∞"，则绝缘正常。

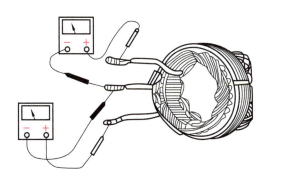

图2-2-19　定子导通性检测

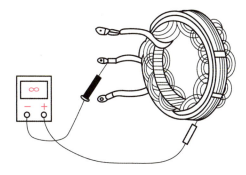

图2-2-20　定子绝缘性检测

### 4. 电刷组件的检测

（1）电刷表面应无油污，无破损、变形，且应在电刷架中活动自如。电刷在电刷架中应活动自如，不得出现卡滞现象。弹簧弹力应符合要求。

（2）检查电刷的长度，电刷磨损不得超过标准长度的1/2，如图2-2-21所示。

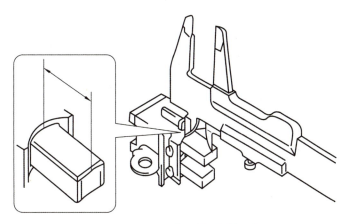

图2-2-21　电刷长度检测

### 5. 其他零部件的检测

检查前后端盖、风扇、皮带轮及轴承的状况是否良好。

## 一、实施计划

针对案例中出现的故障现象，有可能出现的问题有：发电机故障、线路故障和仪表故障。在实际实施中应该遵循由易到难、由不拆解到拆解的原则，因此制订故障诊断排除计划如图 2-2-22 所示。

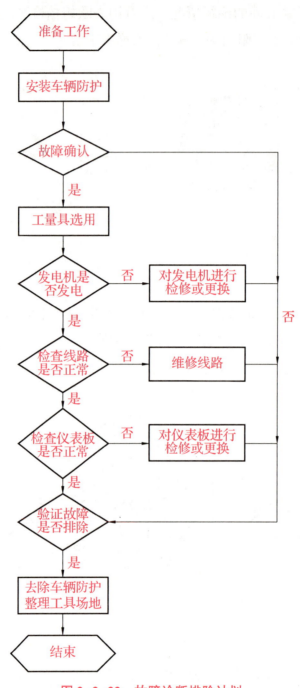

图 2-2-22　故障诊断排除计划

## 二、工量具的选用

需要用到的工具和量具有工具套装、万用表、208 适配线、翼子板布、格栅布、车内五件套。

## 三、实施步骤

| 序号 | 步骤 | 内容 |
|---|---|---|
| 1 | 安装车辆防护 | 打开车门，安装五件套，分别为＿＿＿＿＿、＿＿＿＿＿、＿＿＿＿＿、<br>＿＿＿＿＿、＿＿＿＿＿ |
| 2 | 故障确认 | 打开点火开关，仪表板是否亮起：□是　　　□否<br>打开点火开关，充电指示灯是否亮起：□是　　　□否<br>起动发动机，仪表板充电指示灯是否熄灭：□是　　　□否 |
| 3 | 故障排除 | 打开发动机舱盖，安装防护套装，分别为＿＿＿＿＿、＿＿＿＿＿。<br>1. 检查发电机是否发电：□是　　　□否<br>首先，检查蓄电池静态电压，当蓄电池静态电压过低时，也会造成发电机发电电压过低，从而导致仪表板发电指示灯点亮现象。将万用表挡位调整至直流电压挡，并连接蓄电池正负极，如图 2-2-23 所示，此时万用表读数为蓄电池静态电压，且蓄电池静态电压要大于 12 V。<br><br> 图 2-2-23　万用表连接 <br>起动发动机，当发动机运行稳定后，将万用表连接蓄电池正负极，此时万用表读数为发电机发电电压，且为 14～15 V。当发电机发电电压低于 14 V 时，则进行第 2 步操作；当发电机发电电压为 14～15 V 时，则进行第 3 步操作；当发电机发电电压大于 15 V 时，则需要对发电机进行维修或更换 |

续表

| 序号 | 步骤 | 内容 |
|------|------|------|
| 3 | 故障排除 | 2. 检测发电机励磁电路保险丝是否损坏：□是　　□否<br><br>查阅维修手册，确定发电机励磁电路保险丝位置，打开点火开关，使用万用表电压挡，测量励磁电路保险丝输入端与搭铁间的电压，此时电压应为蓄电池电压，否则检测保险丝上游线路。测量励磁电路保险丝输出端与搭铁间的电压，此时电压应为蓄电池电压，否则检查保险丝是否熔断。当以上检测未发现问题时，使用208适配线测量发电机励磁线圈接线端与搭铁间的电压，此时电压应为蓄电池电压，否则使用万用表电阻挡，测量发电机励磁线圈与保险丝输出端电阻。<br><br>如通过以上检测未发现问题，则需要对发电机进行维修或更换。<br><br>3. 检测发电机发电指示灯电路<br><br>起动发动机，使用万用表电压挡检测发电机发电电压，当发电电压处于14~15 V时，则需要对发电指示灯电路进行检测。使用208适配线及万用表电压挡，测量发电机发电指示灯接线端子与搭铁间的电压，此时电压应为蓄电池电压，否则需要对发电机进行维修或更换。当测得电压为蓄电池电压时，则需要检测发电机发电指示灯接线端子与仪表板发电指示灯之间线路的电阻。<br><br>通过以上检测未发现问题时，则需要进一步检查 |
| 4 | 复检 | 维修工作完成后，确认故障是否排除：□是　　□否 |
| 5 | 取下防护 | 取下防护套装，关闭发动机舱盖，取下五件套，将工量具归位 |

## 🚗 任务评价 ▶▶ ▶

请完成以下任务评价：

任务完成情况：

| 评价项目 | 完成情况 | |
|------|------|------|
| 车辆是否能正常起动？ | □是 | □否 |
| 过程中所用工具是否归位？ | □是 | □否 |
| 工作过程中操作是否规范？ | □是 | □否 |
| 车辆是否能正常行驶？ | □是 | □否 |

自我评价：

续表

| 根据任务完成情况，学生进行自我评估并提出改进意见： |
| --- |
| 教师评价： |
| 根据任务完成情况，教师对学生进行评价并提出改进意见： |

请根据任务完成情况打分（满分100）

| 自我评价 | 组长评价 | 教师评价 | 总分 |
| --- | --- | --- | --- |
|  |  |  |  |

 **任务3　发电机的更换**

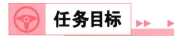 **任务目标** ▶▶ ▶

（1）能根据发电机故障现象制订正确的故障诊断排除方案；

（2）能够进行发电机的更换，熟悉操作流程；

（3）能够进行维修场地的维护，贯彻环保理念；

（4）养成查阅资料的习惯，提升与客户的交流技巧。

**案例导入** ▶▶ ▶

　　一辆别克威朗轿车，车主反映车辆在起动后，仪表显示蓄电池灯亮。经检查，是发电机自身故障，需更换发电机。

**任务分析** ▶▶ ▶

　　根据案例中的故障现象，起动后，仪表提示蓄电池灯亮，说明充电系统故障，有可能的故障原因为：发电机本身故障、线束故障、皮带断裂等。经诊断，确定为发电机故障，需要进行更换。

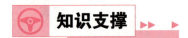

**知识支撑**

汽车发电机技术迅速发展，越来越多性能优良的新型交流发电机广泛应用。

# 一、新型交流发电机的分类

## 1. 按整流器结构分

### 1）八管交流发电机

八管交流发电机是在六管发电机的基础上，还具有两个中性点二极管的交流发电机，用符号"N"表示，其整流器总成共有八只二极管，如图2-3-1所示。丰田卡罗拉轿车上的发电机即为八管交流发电机。

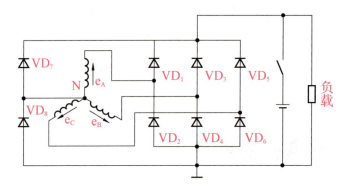

图2-3-1　八管交流发电机整流电路

中性点电压一般用来控制如磁场继电器、充电指示灯继电器等各种继电器。有的发电机还利用中性点的输出提高发电机的输出功率。

### 2）九管交流发电机

九管交流发电机是指具有三个磁场二极管的交流发电机，其整流器总成共有九只二极管，如图2-3-2所示。

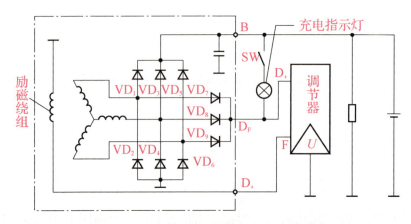

图2-3-2　九管交流发电机充电系统电路

九管交流发电机不仅可以控制充电指示灯来指示蓄电池充电情况，而且能够指示充电系统是否发生故障。

3）十一管交流发电机

十一管交流发电机是指具有中性点二极管和磁场二极管的交流发电机，其整流器总成共有十一只二极管，如图 2-3-3 所示。

十一管交流发电机既具备八管交流发电机提高发电机输出功率的作用，同时具备九管交流发电机指示充电系统是否发生故障的作用。

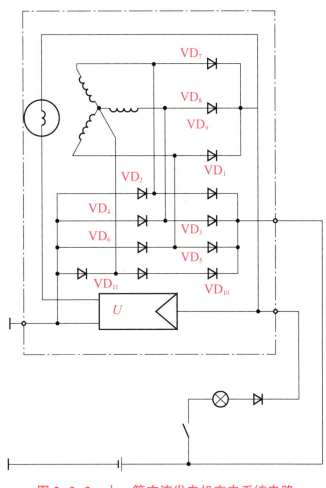

图 2-3-3　十一管交流发电机充电系统电路

## 2. 按总体结构分

（1）普通交流发电机，这种发电机即无特殊装置，也无特殊功能特点，使用时需要配装电压调节器。例如东风 EQ1090 型载货汽车用的 JF132 型交流发电机，解放 CA1091 型载货汽车用的 JF1522A 型交流发电机等。

（2）整体式交流发电机，发电机和调节器制成一个整体的发电机。例如，一汽奥迪、上海桑塔纳等轿车用的 JFZ1813Z 型交流发电机。

（3）带泵交流发电机，发电机和汽车制动系统用真空助力泵安装在一起的发电机。例如，JFWBZ27 型交流发电机等。

（4）无刷交流发电机，不需要电刷的发电机。例如，福建仙游电机股份有限公司生产的 JFW14X 型交流发电机和山东龙口中宇机械有限公司生产的 JFWBZ27 型交流发电机。

（5）永磁交流发电机，转子磁极为永磁铁制成的发电机。

### 3. 按励磁绕组搭铁方式分

1）内搭铁型交流发电机

内搭铁型交流发电机，其磁场绕组直接在发电机内部搭铁，引线用螺钉固定在后端盖上（标记为"－"）直接搭铁。两只电刷的引线中一根与后盖上的磁场接线柱"F"（或"磁场"）连接，另一根则直接与发电机外壳上的接线柱"－"（或"搭铁"）连接，如图 2-3-4（a）所示。

2）外搭铁型交流发电机

外搭铁型交流发电机，如图 2-3-4（b）所示，磁场绕组的两端经滑环和电刷，通过引线均与绝缘接线柱相连，绝缘接线柱一般标记为"F+""F－"或"$F_1$""$F_2$"，磁场绕组通过"$F_1$"或"$F_2$"接线柱经调节器搭铁。

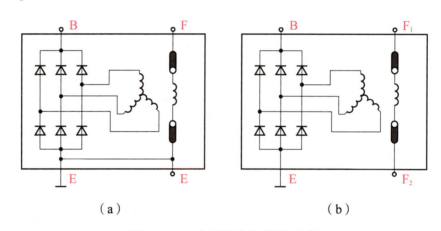

（a）　　　　　　　　　　　　（b）

**图 2-3-4　交流发电机搭铁形式**

（a）内搭铁型；（b）外搭铁型

## 二、发电机电压调节器的作用

发电机的输出电压和发电机转速、负载等密切相关，若发电机转速等在很大范围内变化，则会引起发电机输出电压的大幅变化，这样就无法满足汽车用电设备恒定电压的需要。因此，电压调节器的作用是保持发电机在转速和负荷变化时输出电压稳定。

## 三、发电机电压调节器的型号

汽车交流发电机调节器的产品型号由五部分组成，如图 2-3-5 所示。

| 1 | 2 | 3 | 4 | 5 |
|---|---|---|---|---|

图 2-3-5　汽车交流发电机调节器的产品型号

（1）产品代号：交流发电机调节器的产品代号有 FT 和 FTD 两种，分别表示发电机调节器和电子式发电机调节器（字母 F、T、D 分别为"发""调""电"的汉语拼音首字母）。

（2）电压等级代号：该代号与交流发电机相同，电压等级代号用一位阿拉伯数字表示。1——12 V 系统，2——24 V 系统，6——6 V 系统。

（3）结构形式代号：用 1 位阿拉伯数字表示。1——单联（触点式），2——双联（触点式），3——三联（触点式），4——晶体管式（电子式），5——集成电路式（电子式）。

（4）设计序号：按产品设计先后次序，用 1~2 位阿拉伯数字表示。

（5）变型代号：用汉语拼音大写字母 A，B，C，…顺序表示（不能用 O 和 I）。

## 四、发电机电压调节器的分类及工作原理

发电机电压调节器的分类如表 2-3-1 所示。

表 2-3-1　发电机电压调节器的分类

| 分类方式 | 类别 |
|---|---|
| 按照结构形式 | 晶体管式电压调节器 |
| | 集成电路式电压调节器 |
| 按照安装方式 | 内装式电压调节器 |
| | 外装式电压调节器 |
| 按照搭铁形式 | 内搭铁型电压调节器 |
| | 外搭铁型电压调节器 |
| 按照功能数量 | 单功能型电压调节器 |
| | 多功能型电压调节器 |

### 1. 按照结构形式分类

1）晶体管式电压调节器

晶体管式电压调节器结构简单，故障少，工作可靠；用晶体管开关取代了振动式电压调节器的机械部件和触电，不存在机械惯性和电磁惰性，开关时间短，速度快，响应好，可使发电机输出电压稳定，脉动小；无触点火花，寿命长。

晶体管式电压调节器是利用晶体管的开关特性来控制发电机的励磁电流，使发电机的输出电压保持稳定的。晶体管式电压调节器一般由 2~4 个晶体管，1~2 个稳压二极管和一些

电阻、电容、二极管等组成，焊接在印制电路板上，然后用铝合金外壳或钢板外壳封闭而成。

引出线有插头式和接线板式两种，其上分别标有"＋"（点火）、"－"（搭铁）和"F"（磁场）标记。

虽然晶体管式电压调节器种类繁多，但其工作原理基本相同。晶体管式电压调节器大多采用 NPN 型晶体管制成，与外搭铁型交流发电机匹配。

2）集成电路式电压调节器

集成电路式电压调节器也称 IC 电压调节器，它具有体积小、质量小、调压精度高（为 ±0.3 V，而电磁振动式电压调节器为 ±0.5 V）、耐振动、耐高温、寿命长，可以直接装在交流发电机内，接线简单等优点，被广泛用于现代汽车交流发电机上。

集成电路式电压调节器有两种类型，即全集成电路式电压调节器和混合集成电路式电压调节器，全集成电路是把晶体管、二极管、电阻、电容等同时印制在一块硅基片上。混合集成电路由厚膜或薄膜电阻与集成的单片芯片或分立元件组装而成，目前使用最广泛的是厚膜混合集成电路式电压调节器。

集成电路式电压调节器的基本工作原理与晶体管式电压调节器完全一样，都是根据发电机的电压信号（输入信号），利用晶体管的开关特性控制发电机的励磁电流，进而实现稳定发电机输出电压的目的。集成电路式电压调节器也有内、外搭铁之分，而且以外搭铁形式居多。

如图 2-3-6 所示为 JFT152 型混合集成电路式电压调节器基本电路，这种电压调节器的体积很小，通过安装板可直接安装在交流发电机的电刷架上。它由外壳、安装板和电路板三部分组成。

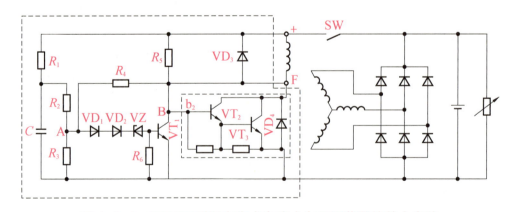

图 2-3-6　JFT152 型混合集成电路式电压调节器的基本电路

集成电路式电压调节器的电路与晶体管式电压调节器电路的原理几乎完全一样，各元件的作用与调节电压的工作原理也基本相同，不同之处在于集成电路式电压调节器中有部分元件同时制作在一块硅基片上，形成一个独立的相互不可分割的整体，即集成电路。

**2. 按照搭铁形式分类**

1) 外搭铁型电压调节器

外搭铁型电压调节器的基本电路由三只电阻 $R_1$、$R_2$、$R_3$，两只三极管 $VT_1$、$VT_2$，一只稳压二极管 VS 和一只二极管 VD 组成，如图 2-3-7 所示。

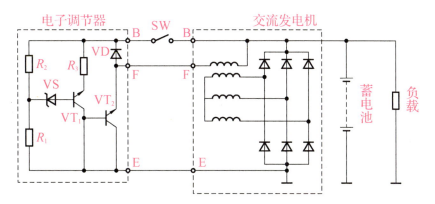

图 2-3-7　外搭铁型电压调节器的基本电路

电阻 $R_1$ 和 $R_2$ 组成一个分压器，稳压管 VS 是感受元件，串联在 $VT_1$ 的基极电路中，并通过 $VT_1$ 的发射结并联于分压电阻 $R_1$ 的两端，以感受发电机的输出电压；$VT_2$ 是大功率三极管（NPN 型），和发电机的磁场绕组串联，起开关作用，用来接通与切断发电机的励磁电路；$VT_1$ 是小功率三极管（NPN 型），用来放大控制信号；VD 是续流二极管；磁场绕组由接通转为断开状态时（F 端为+，B 端为−），经二极管 VD 构成放电回路，防止三极管 $VT_2$ 被击穿损坏。

2) 内搭铁型电压调节器

内搭铁型电压调节器基本电路的特点是晶体管 $VT_1$、$VT_2$ 采用 PNP 型，发电机的励磁绕组连接在 $VT_2$ 的集电极和搭铁端之间，与外搭铁型电路显著不同，但电路工作原理和结构与外搭铁型电压调节器类似，如图 2-3-8 所示。

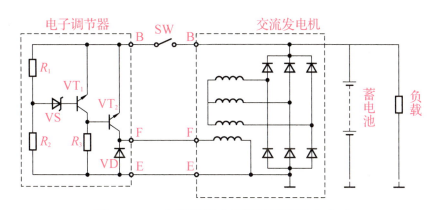

图 2-3-8　内搭铁型电压调节器的基本电路

### 3. 按照功能数量分类

按照功能数量不同，电压调节器可分为单功能型电压调节器和多功能型电压调节器。多功能型电压调节器除具有电压调节功能以外，还具有充电指示控制、发电机故障检测和指示等多种功能。

## 五、发电机及调节器使用注意事项

（1）蓄电池极性正确连接方法必须负极搭铁，不得接反，否则会烧坏整流管。

（2）发电机工作时，不允许用试火的方法检查发电机的相线接线柱是否发电，否则将损坏发电机的整流器。

（3）当发现发电机不发电或发电量小时，应及时到修理厂检修，否则易导致蓄电池充电不足。

（4）发电机正常工作时，切不可任意拆动用电设备的连接线，以防引起电路中的瞬时过电压，损坏电子元件。

（5）发动机自行熄火时，应及时关闭点火开关，以防蓄电池通过励磁绕组放电。

（6）选用专用调节器，特殊情况临时使用代用调节器时，注意代用调节器的标称电压与搭铁极性。

（7）调节器与发电机的电压等级必须一致，否则电源系统不能正常工作。

（8）调节器与发电机（励磁绕组）的搭铁形式必须一致。

 实践训练 ▶▶ ▶

## 一、实施计划

根据案例中的故障现象，有可能的故障原因为：发电机本身故障、线束故障、皮带断裂等。经诊断，确定为发电机自身故障，需要进行更换。

## 二、工量具的选用

需要用到的工具和量具有工具套装、万用表、翼子板布、格栅布、车内五件套等。

## 三、实施步骤

| 序号 | 步骤 | 内容 |
|---|---|---|
| 1 | 安装车辆防护 | 打开车门，安装五件套，分别为 ＿＿＿＿＿＿＿＿、＿＿＿＿＿＿＿＿、＿＿＿＿＿＿＿＿、＿＿＿＿＿＿＿＿、＿＿＿＿＿＿＿＿ |
| 2 | 更换发电机 | 1. 拆卸发电机（见图 2-3-9）<br>（1）断开蓄电池负极电缆；<br>（2）传动皮带的更换→移除；<br>（3）举升和顶起车辆；<br>（4）前排气管的更换（1.5 L LBG）/前排气管的更换（1.5 L LFV）→移除<br><br><br>图 2-3-9　拆卸发电机<br><br>（5）断开发电机线束插头；<br>（6）拆下发电机和起动机电缆发电机导线螺母；<br>（7）拆下发电机和起动机电缆；<br>（8）拆下 2 个发电机螺栓；<br>（9）拆下发电机螺母；<br>（10）移除发电机。<br>2. 装复发电机<br>（1）安装 2 个发电机螺栓，并紧固至 22 N·m（16 英尺·磅力）；<br>（2）安装发电机螺母，并紧固至 22 N·m（16 英尺·磅力）；<br>（3）安装发电机和起动机电缆；<br>（4）安装发电机和起动机电缆发电机导线螺母，并紧固至 12.5 N·m（111 英寸·磅力）；<br>（5）连接发电机线束插头；<br>（6）前排气管的更换（1.5 L L3G）/前排气管的更换（1.5 L LFV）→安装；<br>（7）降低车辆；<br>（8）安装传动皮带；<br>（9）连接蓄电池负极电缆 |

续表

| 序号 | 步骤 | 内容 |
|---|---|---|
| 3 | 复检 | 维修工作完成后，确认故障是否排除：□是 　　□否 |
| 4 | 取下防护 | 取下防护套装（翼子板布、格栅布），关闭发动机舱盖，取下五件套，将工量具归位 |

## 任务评价 ▶▶ ▶

请完成以下任务评价：

任务完成情况：

| 评价项目 | 完成情况 | |
|---|---|---|
| 发电机是否能正常？ | □是 | □否 |
| 过程中所用工具是否归位？ | □是 | □否 |
| 工作过程中操作是否规范？ | □是 | □否 |
| 车辆是否能正常行驶？ | □是 | □否 |

自我评价：

根据任务完成情况，学生进行自我评估并提出改进意见：

教师评价：

根据任务完成情况，教师对学生进行评价并提出改进意见：

请根据任务完成情况打分（满分100）

| 自我评价 | 组长评价 | 教师评价 | 总分 |
|---|---|---|---|
| | | | |

# 项目 3

# 起动机检修

 **任务1 起动机的检测**

▶ ▶ ▶

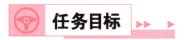 **任务目标** ▶▶ ▶

（1）可以描述起动机的组成、结构与功用；

（2）可以描述起动机的结构、工作原理；

（3）可以对起动机进行检测和维修；

（4）可以利用所学知识和经验，为客户提供汽车起动机日常维护建议；

（5）具备信息查询和手册使用的基本能力。

**案例导入** ▶▶ ▶

　　一辆已使用数年之久的轿车在停放数日后，车主李先生起动车辆时将点火开关置于起动位置，起动机无反应。车主李先生怀疑蓄电池长时间存放，存在亏电现象，于是对蓄电池进行充电后再次起动发动机，故障依旧。经过维修人员的检查，发现起动机存在问题，于是对起动机进行了检修，经检修后，发动机顺利起动。

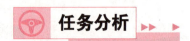 **任务分析** ▶▶ ▶

　　起动机又叫起动马达，它是将蓄电池的电能转化为机械能，然后驱动发动机飞轮旋转实现发动机起动的电器部件，所以起动机在整个起动系统中起着至关重要的作用。发动机起动故障原因如图 3-1-1 所示。

　　根据案例分析，久放后的汽车无法起动，很大可能是电池亏电所致。车主李先生对蓄电池进行了充电，充完电后的蓄电池依旧无法驱动起动机运转，排除了蓄电池亏电问题，故需要确定发动机起动条件是否满足、线路是否存在故障。如果确定起动条件满足、线路不存在故障，则需要对起动机进行检修操作。

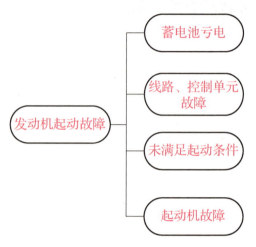

图 3-1-1　发动机起动故障原因

⊙ **知识支撑** ▶▶ ▶

　　起动系统是电气系统中消耗电能最大的系统，一般由蓄电池、电流表、起动机、点火开关、继电器等组成。当起动发动机时，需要消耗蓄电池大量的电能，起动机齿轮带动飞轮转动，从而将发动机起动。

## 一、起动机的作用及位置

　　汽车发动机借助外力由静止状态转为自行运转状态的过程，称为发动机的起动。起动机由直流电动机产生动力，将电能转化为机械能，经起动机上的驱动齿轮传递给发动机飞轮齿圈，带动飞轮和曲轴旋转而起动发动机。当发动机进入自行运转状态后，起动系统立即停止工作。

　　常用的发动机起动方式有三种：人力起动、辅助汽油机起动和电力起动。目前，人力起动已很少应用于汽车中。辅助汽油机起动是以小型汽油机为动力来起动发动机，也只在早期生产的大型拖拉机和少数重型柴油汽车上采用。电力起动具有操纵轻便、安全性高、可靠性好、起动迅速且重复起动能力强等优点，从而被广泛使用。

　　由于起动机的特殊性，其安装位置通常位于曲轴输出端与离合器的中间，也就是飞轮的位置，如图 3-1-2 所示。

图 3-1-2　起动机安装位置

汽车起动机概述

## 二、起动机的要求

起动系统是电气系统中消耗电能最大的系统，发动机需要依靠起动机的帮助，才能逐步依靠自身运转惯性进行吸气、压缩、燃烧、排气，往复循环，从而完全起动。因此起动机需满足以下要求：

（1）结构简单，操作简便，起动迅速，安全可靠；

（2）具备较强重复起动能力，能够实现远距离控制；

（3）保证起动平顺，为避免冲击，起动机的驱动小齿轮与发动机的飞轮齿圈啮合要柔和；

（4）发动机正常起动后，驱动小齿轮需与飞轮齿圈自动脱开，避免起动机出现电枢飞散的情况；

（5）发动机正常工作时，起动机的小齿轮不能再进入啮合状态，防止发生冲击。

## 三、起动机的分类

### 1. 按照结构分类

起动机按照结构分类，可分为电磁控制强制啮合式起动机、永磁起动机及减速起动机。

### 2. 按照控制机构分类

起动机按照控制机构分类，可分为机械控制式起动机和电磁控制式起动机。

### 3. 按照传动机构啮合方式分类

起动机按照传动机构啮合方式分类，可分为惯性啮合式起动机、强制啮合式起动机及电磁啮合式起动机。

## 四、起动机的组成

通常汽车起动机由直流电动机、传动机构和控制机构三部分组成，整体结构如图 3-1-3 所示。

### 1. 直流电动机

直流电动机将蓄电池的电能转化为机械能，为发动机起动提供必要的电磁转矩。

直流电动机主要由端盖、转子、

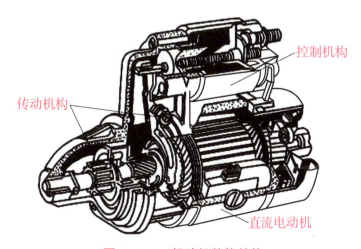

控制机构

传动机构

直流电动机

图 3-1-3  起动机整体结构

定子绕组、定子铁心、电刷等组成，如图 3-1-4 所示。

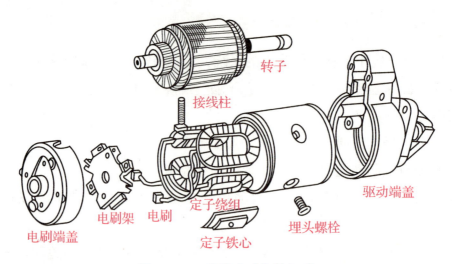

图 3-1-4　直流电动机的组成

1）机壳及端盖

机壳通常采用低碳钢卷制成，或由铸铁铸造而成。在机壳的一端有 4 个检查窗口，以便进行电刷和换向器的维护，机壳中部有一个与壳体绝缘的电流输入接线柱，并在内部与励磁绕组一端相连接。在电动机前后端各有一端盖，前端盖由钢板压制而成，后端盖由灰铸铁浇制而成。

2）磁极

磁极的作用是产生电枢转动时所需要的电磁场，它由固定在机壳上的磁极铁心和磁场绕组组成，其结构如图 3-1-5 所示。

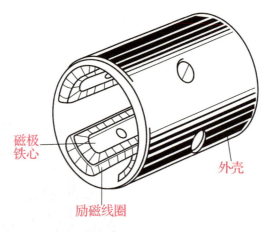

图 3-1-5　磁极结构

通常电动机中有 4 个磁场绕组（2 对磁极），在大功率起动机中，多数采用 6 个磁场绕组（3 对磁极）。4 个磁场绕组中的连接方式主要有两种，一种是采用串联的方式连接，另一种是采用并联的方式连接，两种连接方式产生的磁极都是相互交错的。汽车起动机中直流电动机的磁场绕组以串联方式连接，故此电动机称为直流串励电动机。

3）电枢

电枢也称转子，作用是产生电磁转矩，主要由电枢轴、铁心、绕组和换向器等组成，如图 3-1-6 所示。

4）电刷及电刷架

电刷的作用是将直流电引入电枢绕组。电刷装在电刷架中，通过弹簧压紧在换向器上。电刷架固定在前端盖上，一般有 4 个，如图 3-1-7 所示。

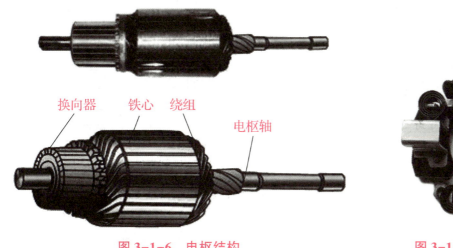

换向器　铁心　绕组

电枢轴

图 3-1-6　电枢结构　　　　　　　　图 3-1-7　电刷及电刷架

4 个电刷架中有 2 个与端盖绝缘，另外 2 个与端盖直接搭铁。电刷由铜与石墨粉压制而成，通过电刷弹簧压紧在换向片上。

**2. 传动机构**

传动机构主要由单向离合器、拨叉、驱动齿轮等组成，安装在电动机电枢的延长轴上。起动时，它能够将驱动齿轮与电枢轴连成一体，将直流电动机产生的转矩传递给飞轮齿圈，进而传递给发动机曲轴，起动发动机。发动机起动后，驱动齿轮的转速超过电枢轴的正常转速时，单向离合器自动打滑，驱动齿轮与电枢轴自动脱开，防止电动机超速。

汽车用起动机常用的单向离合器有滚柱式、弹簧式和摩擦片式三种。

**3. 控制机构**

控制机构即电磁开关，其作用是接通蓄电池与电动机之间的电路，控制起动机驱动齿轮与发动机飞轮的啮合与分离。控制机构有机械控制式和电磁控制式两类。机械控制式又称直接操纵式，目前已经基本淘汰。

下面介绍目前广泛使用的电磁操纵强制啮合式起动机控制机构的组成和工作过程。

1）组成

电磁操纵强制啮合式起动机控制机构原理如图 3-1-8 所示。

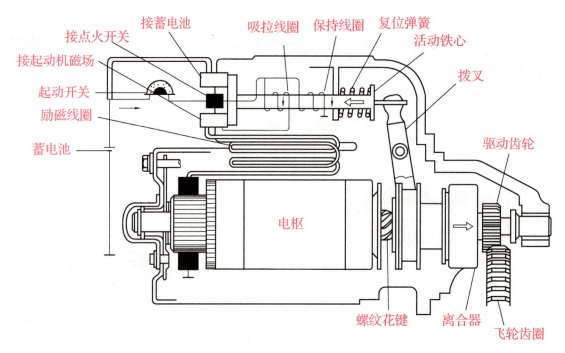

图 3-1-8　电磁操纵强制啮合式起动机控制机构原理

　　控制机构由电磁开关、拨叉等组成；电磁开关由吸拉线圈、保持线圈、活动铁心、主开关接触盘及复位弹簧等组成。其中，吸拉线圈与电动机串联，保持线圈与电动机并联；活动铁心既可驱动拨叉运动，又可推动接触盘推杆。

　　2）工作过程

　　（1）起动机不工作时，驱动齿轮处于与飞轮齿轮脱开啮合位置，电磁开关中的接触盘与各接触点分开。

　　（2）将起动机开关接通时，蓄电池经起动控制电路向起动机电磁开关通电，其电流回路如图 3-1-9 所示。

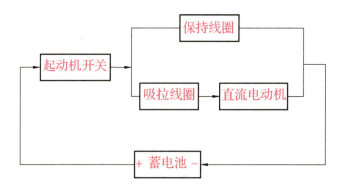

图 3-1-9　起动机开关接通时电流回路

　　此时，吸拉线圈和保持线圈磁场方向相同。活动铁心在电磁力作用下克服复位弹簧力向内移动，压动推杆使起动机主开关接触盘与接触点靠近，与此同时带动拨叉将驱动小齿轮推向啮合；当驱动小齿轮与飞轮齿圈接近完全啮合时，接触盘已将接触点接通，起动机主电路接通，直流电动机产生的强大扭矩通过结合状态的单向离合器传给发动机飞轮齿圈。主开关接通后，吸拉线圈被主开关短路，电流消失，活动铁心在保持线圈电磁力作用下保持在吸合位置。

（3）发动机起动后，飞轮倒拖起动机驱动齿轮时，单向离合器打滑，避免电枢绕组高速条件下被甩散的危险。

（4）松开起动机开关时，起动控制电路断开，但电磁开关内吸引线圈和保持线圈通过仍然闭合的主开关得到电流，其电流回路如图 3-1-10 所示。

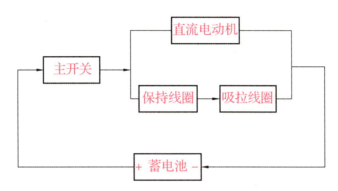

图 3-1-10　起动机开关断开时电流回路

因吸拉线圈和保持线圈磁场方向相反，相互削弱，活动铁心在复位弹簧的作用下迅速回位，驱动小齿轮退出啮合，主开关断开，起动机停止工作，起动结束。

常见的电磁开关按开关与铁心的结构形式分为整体式和分离式两种。

## 五、起动机零部件的检测

汽车起动机检测

### 1. 检查电磁开关总成

（1）检查铁心：推入铁心，然后检查并确认其是否能够迅速回位到初始位置，如图 3-1-11 所示。如不能，则需更换电子开关。

（2）检查吸引线圈是否断路：用欧姆表测量端子 50 和端子 C 之间的电阻，如图 3-1-12 所示。标准电阻小于 1 Ω。如不符合标准，则需更换电磁开关总成。

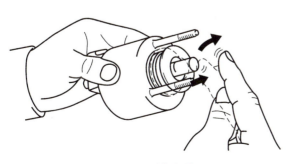

图 3-1-11　检查铁心

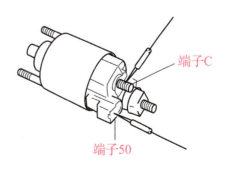

图 3-1-12　检查吸引线圈是否断路

（3）检查保持线圈是否断路：使用欧姆表测量端子 50 与开关壳体之间的电阻，如图 3-1-13 所示。标准电阻小于 2 Ω。如不符合标准，则需更换电磁开关总成。

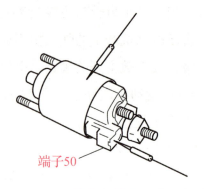

端子50

图 3-1-13　检查保持线圈是否断路

### 2. 检查起动机电枢总成

（1）检查换向器是否断路：使用欧姆表测量换向器整流子片间的电阻，如图 3-1-14 所示。如不符合标准，则需更换起动机电枢总成。

（2）检查换向器是否对搭铁短路：使用欧姆表测量换向器和电枢线圈之间的电阻，如图 3-1-15 所示。标准电阻应在 10 kΩ 或更大。如不符合标准，则需更换起动机电枢总成。

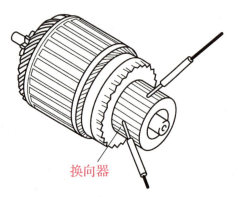

换向器

图 3-1-14　检查换向器是否断路

电枢

换向器

图 3-1-15　检查换向器是否对搭铁短路

（3）检查外观：如果表面脏污或烧坏，用砂纸（400 号）或在车床上修复表面。

（4）检查换向器径向跳动：将换向器放在 V 形块上，用百分表测量径向跳动，如图 3-1-16 所示。标准径向跳动量为 0.02 mm，最大径向跳动量为 0.05 mm。如果径向跳动大于最大量，则更换电枢总成。

（5）用游标卡尺测量换向器直径：如图 3-1-17 所示，标准直径为 29 mm，最小直径为 28 mm。如果直径小于最小值，则更换电枢总成。

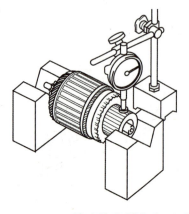

图 3-1-16　检查换向器径向跳动

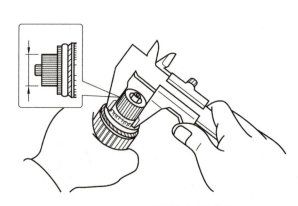

图 3-1-17　测量换向器直径

### 3. 检查起动机电刷架总成

（1）拆卸电刷：拆下弹簧卡爪，然后拆下 4 个电刷。

（2）电刷的测量：用游标卡尺测量电刷长度，如图 3-1-18 所示。标准长度为 14.4 mm，最小长度为 9.0 mm。如果长度小于最小值，则更换起动机电刷架总成。

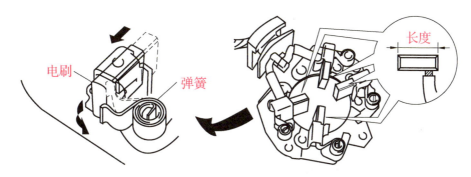

**图 3-1-18　测量电刷长度**

（3）检查电刷架：用欧姆表测量电刷间的电阻，如图 3-1-19 所示。各电刷间标准电阻如表 3-1-1 所示。

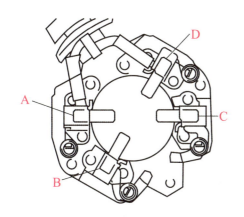

**图 3-1-19　测量电刷间的电阻**

**表 3-1-1　各电刷间标准电阻**

| 检测点 | 规定状态 |
|---|---|
| A—B | ≥10 kΩ |
| A—C | ≥10 kΩ |
| A—D | <1 Ω |
| B—C | <1 Ω |
| B—D | ≥10 kΩ |
| C—D | ≥10 kΩ |

### 4. 检查起动机离合器总成

（1）检查磨损：检查行星齿轮的轮齿、内齿轮和起动机离合器是否磨损并损坏。如损坏，则更换齿轮或离合器总成。还要检查行星齿轮是否磨损或损坏。

（2）检查起动机离合器：顺时针转动离合器小齿轮，检查并确认其能自由转动。尝试逆时针转动离合器小齿轮，检查并确认其锁止，如图 3-1-20 所示。如有必要，更换起动机中间轴承离合器分总成。

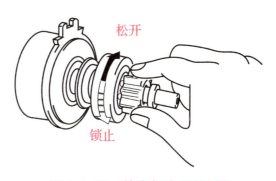

**图 3-1-20　检查起动机离合器**

 实践训练 ▶▶ ▶

## 一、实施计划

根据案例中出现的情况，有可能出现的问题有：起动机故障、线路或控制单元故障、未满足起动条件等。在实际实施中应该遵循由易到难、由不拆解到拆解的原则。

## 二、工量具的选用

需要用到的工具和量具有万用表、扭力扳手、工具套装、208 适配线、翼子板布、格栅布、车内五件套。

## 三、实施步骤

| 序号 | 步骤 | 内容 |
|---|---|---|
| 1 | 安装车辆防护 | 打开车门，安装五件套，分别为_____、_____、_____、_____、_____ |
| 2 | 故障确认 | 打开点火开关，仪表板是否亮起：□是　　□否<br>将点火开关转动至起动位置，起动机是否运转：□是　　□否 |
| 3 | 故障排除 | 打开发动机舱盖，安装防护套装，分别为_____、_____。<br>1. 检查起动条件是否满足：□是　　□否<br>当起动条件未满足时，也会导致发动机无法起动。如汽车需要正确解锁，一键起动汽车需要将遥控钥匙置于车内，手动挡汽车须踩下离合器踏板并将变速器挡位置于空挡，自动挡变速器必须将挡位置于"P"挡或"N"挡，并且起动时须踩下制动踏板。当以上条件都满足时，则进行第 2 步操作。<br>2. 检测线路及起动信号是否正常：□是　　□否<br>关闭点火开关，使用 208 适配线、万用表测量起动机正极接线柱与搭铁之间的电压，应为蓄电池电压。否则，检查起动机正极接线柱与蓄电池正极接线柱之间的线路。如果测得起动机正极接线柱与搭铁之间的电压正常，则需要进一步测量。将 208 适配线连接起动机起动信号接线柱，将点火开关置于起动位置，在起动瞬间应测得电压为蓄电池电压。如果检测异常，则需要检查起动机起动信号电路。<br>通过以上检测，如未发现问题，则需要进行第 3 步操作。 |

| 序号 | 步骤 | 内容 |
|---|---|---|
| 3 | 故障排除 | **3.起动机的拆装**<br><br>　　以速腾汽车为例，起动机安装在蓄电池支架和空气滤清器总成下方，在拆卸起动机前，首先拆下蓄电池支架和空气滤清器总成，再进行起动机的拆卸，其步骤如下。<br><br>　　（1）从空气滤清器上拧出螺栓 2，松开张紧环并推至软管 3 上，取出空气滤清器 1，如图 3-1-21 所示。<br><br>图 3-1-21　空气滤清器拆卸<br><br>　　（2）拆下蓄电池正负极接线端 1 和 3，拧下螺栓 4，并取出固定板和蓄电池 2，如图 3-1-22 所示。<br><br>图 3-1-22　蓄电池拆卸<br><br>　　（3）从蓄电池支架上拧出螺栓并取下蓄电池支架，如图 3-1-23 所示。<br><br>图 3-1-23　蓄电池支架拆卸 |

续表

| 序号 | 步骤 | 内容 |
|------|------|------|
| 3 | 故障排除 | （4）解锁并脱开起动信号接线端子 1，将保护罩 2 从电磁阀开关上脱开，如图 3-1-24 所示。 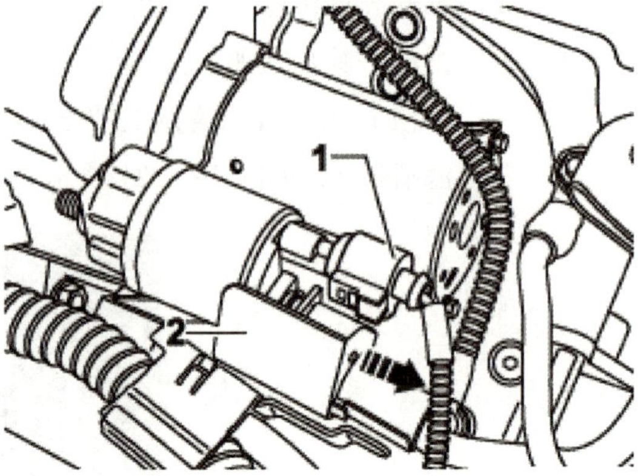<br><br><br><br>图 3-1-24　起动信号端子拆卸<br><br>（5）拧下起动机正极接线柱螺母 1，并从电磁开关上取下正极线 2，如图 3-1-25 所示。 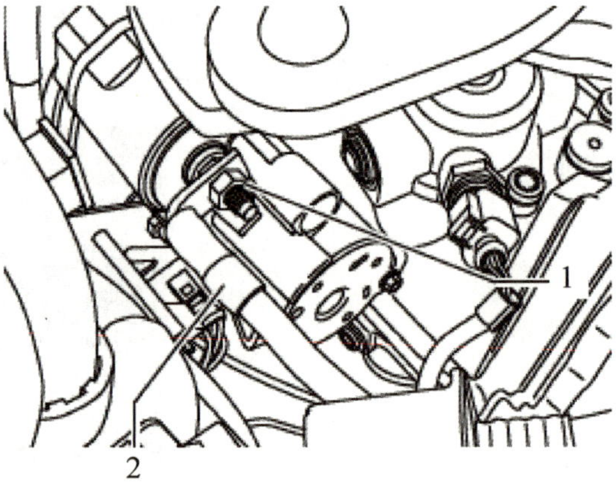<br><br><br><br>图 3-1-25　起动机正极线拆卸<br><br>（6）拧出起动机固定螺栓，并从车内取出起动机，如图 3-1-26 所示。 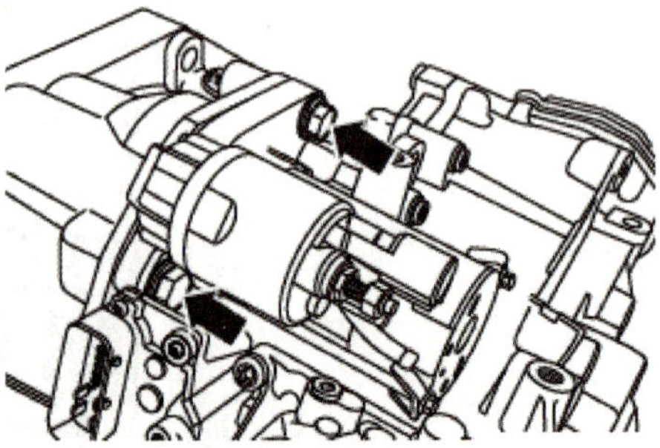<br><br><br><br>图 3-1-26　起动机拆卸 |

续表

| 序号 | 步骤 | 内容 |
|---|---|---|
| 3 | 故障排除 | 4. 起动机的检测<br>起动机的检测方法见本任务"知识支撑"中"五、起动机零部件的检测"。<br>5. 起动机的安装<br>起动机安装方法大体以倒序的方法进行，安装时须根据维修手册规定的扭矩紧固螺栓。在安装蓄电池后须检查故障储存器有无故障记录，对仪表板时间进行校准，各车门玻璃升降器进行复位，检查各用电器工作是否正常 |
| 4 | 复检 | 维修工作完成后，确认故障是否排除：□是　　□否 |
| 5 | 取下防护 | 取下防护套装，关闭发动机舱盖，取下五件套，将工量具归位 |

## 任务评价 ▶▶　▶

请完成以下任务评价：

任务完成情况：

| 评价项目 | 完成情况 | |
|---|---|---|
| 车辆是否能正常起动？ | □是 | □否 |
| 过程中所用工具是否归位？ | □是 | □否 |
| 工作过程中操作是否规范？ | □是 | □否 |
| 车辆是否能正常行驶？ | □是 | □否 |

自我评价：

根据任务完成情况，学生进行自我评估并提出改进意见：

教师评价：

根据任务完成情况，教师对学生进行评价并提出改进意见：

请根据任务完成情况打分（满分100）

| 自我评价 | 组长评价 | 教师评价 | 总分 |
|---|---|---|---|
|  |  |  |  |

拓展提升 ▶▶▶ ▶

## 起动机的整体测试

起动机的测试有五种：牵引测试、保持测试、检查小齿轮间隙、小齿轮返回测试和无负荷测试。检查起动机操作时，可直接用蓄电池供电，但每次检查时间限定为3~5 s，以防蓄电池给起动机长时间供电烧坏线圈。上述五种测试应连续进行，因为这样可检查起动机的连续操作。

1. 牵引测试

牵引测试的目的是测试电磁起动开关是否正常。接线图如图3-1-27所示。

为防止起动机转动，从端子C断开

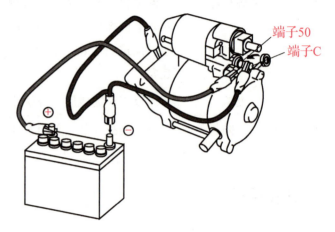

图3-1-27　起动机牵引测试接线图

励磁线圈引线，将蓄电池正极（+）端子连接到端子50上，将蓄电池负极（-）端子连接到起动机体和端子C（测试引线A）上，检查小齿轮是否露出，如图3-1-28所示。

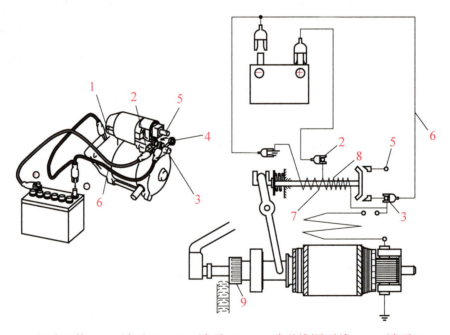

1—起动机体；2—端子50；3—端子C；4—励磁线圈引线；5—端子30；

6—测试引线A；7—保持线圈；8—牵引线圈；9—小齿轮。

图3-1-28　起动机牵引测试

将点火开关置于"起动"位置，然后让电流流入牵引线圈和保持线圈，检查小齿轮是否伸出。如果小齿轮没有伸出，则更换电气起动机开关总成。若正常伸出，则进行下一步检查。

2. 保持测试

保持测试的目的是测试保持线圈是否正常。接线图如图 3-1-29 所示。

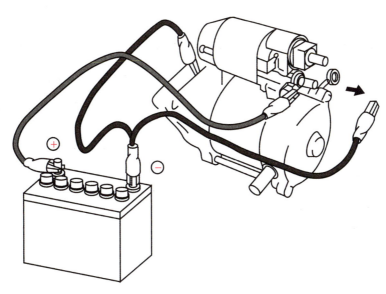

图 3-1-29　起动机保持测试接线图

在牵引测试后，当小齿轮伸出时，从端子 C 断开测试引线 A，从端子 C 断开流入牵引线圈的电流，让电流仅流入保持线圈，如图 3-1-30 所示。

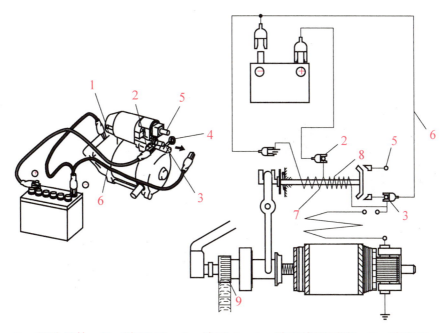

1—起动机体；2—端子 50；3—端子 C；4—励磁线圈引线；5—端子 30；
6—测试引线 A；7—保持线圈；8—牵引线圈；9—小齿轮。

图 3-1-30　起动机保持测试

如果小齿轮无法保持伸出状态，则更换电磁起动机开关总成。如正常，则进行下一步检查。

3. 检查小齿轮间隙

在保持测试状态下，用游标卡尺测量小齿轮和止动环之间的间隙，如图 3-1-31 所示。如果间隙超出规定范围，则更换电磁起动及开关总成。

4. 小齿轮返回测试

小齿轮返回测试的目的是检查小齿轮是否返回其原始位置。接线图如图 3-1-32 所示。

 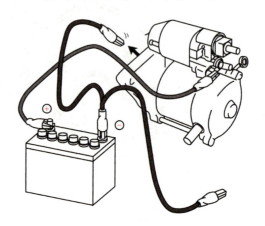

图 3-1-31 起动机小齿轮间隙检查　　图 3-1-32 起动机小齿轮返回测试接线

当小齿轮伸出时，从起动机体断开接地线，确认小齿轮是否返回其原始位置，如图 3-1-33 所示。如小齿轮返回其原始位置，则更换电磁起动机开关总成。如正常，则进行下一步测试。

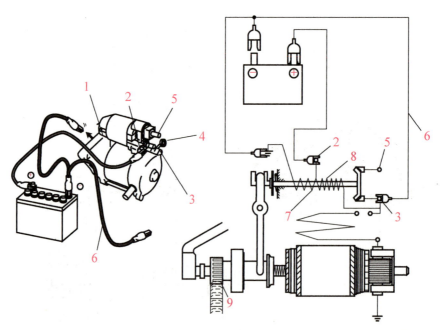

1—起动机体；2—端子 50；3—端子 C；4—励磁线圈引线；5—端子 30；

6—测试引线 A；7—保持线圈；8—牵引线圈；9—小齿轮。

图 3-1-33 小齿轮返回测试

5. 无负荷测试

无负荷测试主要检查电磁起动机开关的接触点以及换向器和电刷之间的接触。接线图如图 3-1-34 所示。

用台钳固定住起动机，为防止起动机损坏，可用铝板或布包裹起动机。将拆下的励磁线圈引线连接到端子 C，将蓄电池正极（+）端子连接到端子 30 和端子 50 上，将万用表连接在蓄电池正极（+）端子和端子 30 之间，将蓄电池负极（-）端子连接到起动机机体上，然后起动起动机，如图 3-1-35 所示。要求测试时流入起动机的电流小于 50 A，但瞬时电流可能达到 200~300 A，因此需要选择合适的电流表和引线。

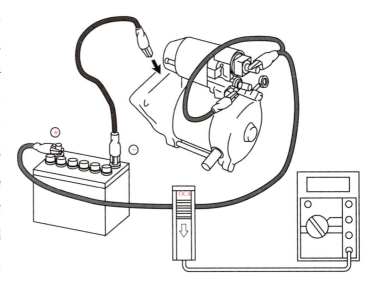

图 3-1-34 无负荷测试接线图

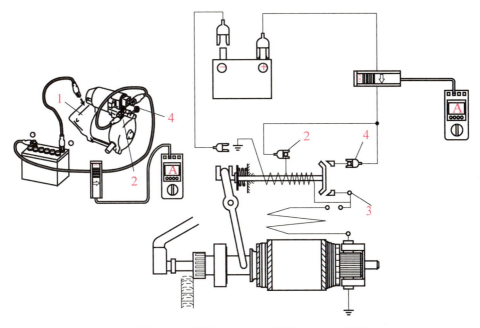

1—起动机；2—端子 50；3—端子 C；4—端子 30。

图 3-1-35 起动机无负荷测试

经以上测试后起动机不能起动，则更换起动机。若正常起动，则可进行装复。

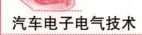

 **任务2 起动机的更换**

 **任务目标**

（1）能够完成起动机的更换，熟悉操作流程；

（2）能根据起动机起动时的故障现象制订正确的维修计划；

（3）具备信息查询和手册使用的基本能力。

 **案例导入**

　　一辆轿车，车主反映打开点火开关，车辆无法正常起动。送到4S店进行维修，经排查，起动机故障，更换起动机后车辆正常起动。

 **任务分析**

　　针对案例中车辆无法起动的故障现象，已经确定起动机故障，因此需要进行起动机的更换。

 **知识支撑**

## 一、起动机功率及影响因素

### 1. 起动机的功率

起动机的功率 $P$ 可由下式确定：

$$P = \frac{M_s n_s}{9\ 550}$$

式中，$M_s$ 为起动机输出转矩，$n_s$ 为起动机的转速。

### 2. 起动机功率的影响因素

（1）接触电阻和导线电阻。接触电阻包括起动电路导线和蓄电池极柱、起动机接线柱以及电动机内电刷与换向器等的接触电阻。接触电阻大、导线截面积小或导线过长，都会造成较大的电压降而使起动机功率下降。

（2）蓄电池容量。若蓄电池的容量过小，其内阻就大，起动时，加载电动机上的端电压就低，会使起动机的功率下降。

（3）环境温度。环境温度低时，蓄电池的容量下降，内阻增大，也会使起动机的功率下降。

## 二、典型起动机工作过程分析

许多汽车上采用的 QD124 型起动机是一种起动继电器控制的强制啮合式起动机，传动机构采用了滚柱式单向离合器，为提高转子轴的强度加装了中间轴承支撑板，在控制电路中装有一个起动继电器，起动机由点火开关控制。

QD124 型起动机电路如图 3-2-1 所示。

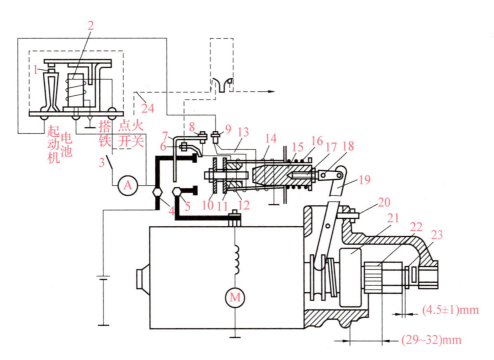

1—起动继电器触点；2—起动继电器线圈；3—点火开关；4、5—主接线柱；

6—点火线圈附加电阻短路接线柱；7—导电片；8—接线柱；9—电磁开关接线柱；10—接触盘；

11—推杆；12—固定铁心；13—吸拉线圈；14—保持线圈；15—活动铁心；16—复位弹簧；

17—调节螺钉；18—连接片；19—拨叉；20—定位螺钉；21—滚柱式单向离合器；

22—驱动齿轮；23—限位螺母；24—附加电阻线（白线 1.7 Ω）。

**图 3-2-1　QD124 型起动机电路**

其工作过程经历齿轮啮合、起动机慢速转动、起动机快速转动、起动机停转、回位的过程。具体如下：

### 1. 起动时

起动时，将点火开关 3 旋至起动挡位，起动继电器线圈通电，电流由蓄电池正极经主接线柱 4、电流表、点火开关 3、起动继电器"点火开关"接线柱、起动继电器线圈 2、搭铁流回蓄电池负极。起动继电器触点 1 闭合，接通电磁开关电路。

此时的电路为：蓄电池正极→主接线柱 4→起动继电器"电池"接线柱→起动继电器触点 1→起动继电器"起动机"接线柱→电磁开关接线柱 9，然后分成两路。

一路是：吸拉线圈 13→接线柱 8→导电片 7→主接线柱 5→起动机磁场绕组→电枢绕组→搭铁→蓄电池负极。

另一路是：保持线圈 14→搭铁→蓄电池负极。

两线圈电流产生同方向电磁力将活动铁心 15 吸入，拨叉 19 推动滚柱式单向离合器 21，使驱动齿轮 22 啮入飞轮齿圈。

当齿轮啮入约一半时，活动铁心 15 就顶动推杆 11 向左移动，当到达极限位置时，齿轮已全部啮合，接触盘 10 同时将点火线圈附加电阻短路接线柱 6 和主接线柱 4、5 相继接通。于是发动机在短路附加电阻和吸拉线圈 13 的有利条件下产生起动转矩，将发动机起动。因此，结合盘的作用是连接直流电动机电路产生较大电流，使直流电动机能够将发动机起动。

较大起动电流直接从蓄电池正极经主接线柱 4、接触盘 10、主接线柱 5、起动机、搭铁后流回蓄电池负极。点火开关 3 短路后，齿轮的啮合靠保持线圈 14 产生的电磁力维持在工作位置。

此时的保持电路为：蓄电池正极→主接线柱 4→起动继电器"电池"接线柱→起动继电器触点 1→起动继电器"起动机"接线柱→电磁开关接线柱 9→保持线圈 14→搭铁→蓄电池负极。

### 2. 起动后

发动机起动后，起动机单向离合器打滑，松开点火开关钥匙即自动转回到点火挡位，起动继电器线圈 2 断电，起动继电器触点 1 跳开，使电磁开关两个线圈串联，吸拉线圈 13 流过反向电流，加速电磁力的消失。

此时的电路为：蓄电池正极→主接线柱 4→接触盘 10→主接线柱 5→导电片 7→接线柱 8→吸拉线圈 13（反向电流）→电磁开关接线柱 9→保持线圈 14→搭铁→蓄电池负极。由于电磁开关线圈电磁力迅速消失，活动铁心 15 和推杆 11 在回位弹簧作用下返回。

接触盘 10 先离开主接线柱 4、5，触头切断了起动机电源。点火线圈附加电阻也随即接入点火系统，同时拨叉将离合器拨回，起动齿轮便脱离了飞轮齿圈，起动机停止工作。

## 三、别克威朗起动电路分析

别克威朗起动电路如图 3-2-2 所示。

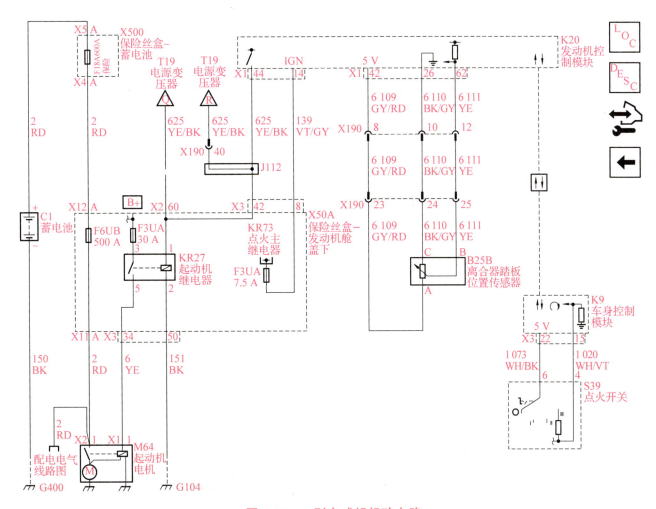

图 3-2-2　别克威朗起动电路

发动机起动时，电流流向为：蓄电池→F18A600A 保险→F6UB500A 保险→M64 起动机电机 X2。

点火开关打到起动位置→K9 车身控制模块→K20 发动机控制模块［驻车挡/空挡位置开关（手动挡是离合器踏板开关）］，K20 发动机控制模块控制 KR27 起动继电器线圈（起动继电器开关闭合），这样电流流向为：蓄电池→F3UA30A 保险→KR27 起动继电器触点→M64 起动机电机 X1，这时起动机通电运转，带动发动机旋转。

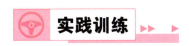 实践训练 ▶▶ ▶

## 一、实施计划

根据案例中出现的情况，确定起动机故障，因此需要进行起动机的更换。

汽车起动机更换

## 二、工量具的选用

需要用到的工具和量具有万用表、扭力扳手、工具套装、翼子板布、格栅布、车内五件套。

## 三、实施步骤

| 序号 | 步骤 | 内容 |
|---|---|---|
| 1 | 安装车辆防护 | 打开车门，安装五件套，分别为 _____ 、 _____ 、 _____ 、 _____ 、 _____ 。 |
| 2 | 故障确认 | 车辆是否正常起动：□是　　□否 |
| 3 | 更换起动机 | 1. 起动机的拆卸（见图3-2-3）<br>（1）蓄电池负极电缆断开连接；<br>（2）举升和顶起车辆；<br><br><br><br>1—起动机搭铁电缆螺栓；2—起动机线束插头；3—发电机和起动机电缆起动导线螺母；4—发电机和起动机电缆；5—起动机搭铁电缆。<br><br>**图3-2-3　起动机的拆卸**<br><br>（3）断开起动机线束插头2；<br>（4）拆下发电机和起动机电缆起动导线螺母3；<br>（5）拆下发电机和起动机电缆4；<br>注意：拆下起动机搭铁电缆5，以便于操作起动机螺栓。<br>（6）拆下起动机搭铁电缆螺栓1；<br>（7）移除起动机搭铁电缆5；<br>（8）松开线束固定件；<br>（9）拆下2个起动机托架螺栓；<br>（10）拆下起动机托架；<br>（11）移除起动机螺栓；<br>（12）拆下起动机螺母；<br>（13）起动机移除。 |

| 序号 | 步骤 | 内容 |
|---|---|---|
| 3 | 更换起动机 | 2. 起动机的装复（见图 3-2-4 和图 3-2-5）<br><br>1—起动机螺母；2—起动机；3—起动机电螺栓。<br>**图 3-2-4　起动机的装复 1**<br><br>（1）安装起动机；<br>（2）安装起动机螺母 1 并紧固至 58 N·m（43 英尺·磅力）；<br>（3）安装起动机螺栓 3 并紧固 58 N·m（43 英尺·磅力）；<br><br>1—起动机托架；2—线束固定件；3，4—起动机托架螺栓。<br>**图 3-2-5　起动机的装复 2**<br><br>（4）安装起动机托架 1；<br>（5）安装起动机托架螺栓 3 并紧固至 22 N·m（16 英尺·磅力）；<br>（6）安装起动机托架螺栓 4 并紧固至 58 N·m（43 英尺·磅力）；<br>（7）卡紧线束固定件 2；<br>（8）安装起动机搭铁电缆；<br>（9）安装起动机搭铁电缆螺栓并紧固至 22 N·m（16 英尺·磅力）；<br>（10）安装发电机和起动机电缆； |

续表

| 序号 | 步骤 | 内容 |
|------|------|------|
| 3 | 更换起动机 | （11）安装发电机和起动机电缆起动导线螺母并紧固至 12.5 N·m（111 英寸·磅力）；<br>（12）连接起动机线束插头；<br>（13）降低车辆；<br>（14）连接蓄电池负极电缆 |
| 4 | 复检 | 维修工作完成后，确认故障是否排除：□是　　□否 |
| 5 | 取下防护 | 取下防护套装（翼子板布、格栅布），关闭发动机舱盖，取下五件套，将工量具归位 |

### 🚗 任务评价 ▶▶ ▶

请完成以下任务评价：

任务完成情况：

| 评价项目 | 完成情况 | |
|------|------|------|
| 车辆是否能正常起动？ | □是 | □否 |
| 过程中所用工具是否归位？ | □是 | □否 |
| 工作过程中操作是否规范？ | □是 | □否 |
| 车辆是否能正常行驶？ | □是 | □否 |

自我评价：

根据任务完成情况，学生进行自我评估并提出改进意见：

教师评价：

根据任务完成情况，教师对学生进行评价并提出改进意见：

请根据任务完成情况打分（满分100）

| 自我评价 | 组长评价 | 教师评价 | 总分 |
|------|------|------|------|
| | | | |

# 项目4

# 照明与信号系统检修

 **任务1　照明与信号系统的认知**

### 任务目标 ▶▶ ▶

（1）了解汽车照明与信号系统，正确认知汽车照明与信号系统；

（2）理解照明与信号系统的分类，掌握照明与信号系统的作用；

（3）能够与客户交流，查阅照明与信号系统相关的维修技术资料；

（4）能够进行照明与信号系统的检查和维护，熟悉操作流程；

（5）能进行维修场地的维护，注重场地环保。

### 案例导入 ▶▶ ▶

　　一辆轿车，车主反映车辆某个灯光无法正常点亮，需要进行汽车照明与信号系统的检查和维护。

### 任务分析 ▶▶ ▶

　　为保证行车安全，汽车上装有多种照明与信号设备，构成了照明与信号系统。该系统出现问题便会形成安全隐患。案例中出现某个灯光无法正常点亮的问题，需及时进行故障诊断排除。为此，首先要进行照明与信号系统的检查与维护。

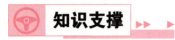

为保证行车安全，特别是夜间或雾中的安全行驶，汽车上装有多种照明与信号设备。汽车照明与信号系统在保证车内人员安全的同时，还可起到提示行人及其他车辆的作用。因此，汽车照明与信号系统对于汽车安全行车有重要的意义。

## 一、汽车灯具的分类

汽车灯具按功能可分为照明灯具和信号灯具，照明灯具有前照灯、雾灯、牌照灯等；信号灯具有示宽灯、危险报警灯等。汽车灯具按照安装位置可以分为外部灯具和内部灯具，具体如表4-1-1所示。外部灯具主要包括前照灯、牌照灯、倒车灯、雾灯等。外部灯具光色一般采用白色、橙黄色和红色；执行特殊任务的车辆，如消防车、警车、救护车、工程抢修车，则采用具有优先通过权的红色、黄色或蓝色闪光警示灯。内部灯具主要包括阅读灯、顶灯、氛围灯等。

**表4-1-1　常用汽车灯具**

| 种类 | | | 颜色 | 状态 | 作用 |
|---|---|---|---|---|---|
| 照明灯具 | 外部照明灯具 | 前照灯 | 白色 | 常亮 | 保证行车安全 |
| | | 牌照灯 | 白色 | 常亮 | 照亮汽车尾部牌照 |
| | | 雾灯 | 黄色<br>白色 | 常亮 | 雨雾等特殊天气时为车辆提供有效照明，保证行车安全 |
| | 内部照明灯具 | 仪表灯 | 白色 | 常亮 | 方便驾驶员在夜间或昏暗环境下正常观察仪表 |
| | | 顶灯 | 白色 | 常亮 | 保证夜间或昏暗环境下车内照明 |
| | | 后备厢灯 | 白色 | 常亮 | 方便夜间或昏暗环境下拿取后备厢内物品 |
| 信号灯具 | 外部信号灯具 | 转向灯 | 黄色 | 交替闪 | 提示其他车辆或行人车辆转弯、并道或超车 |
| | | 示宽灯 | 黄色<br>白色 | 常亮 | 在夜间行驶时标示车辆的位置与宽度 |
| | | 制动灯 | 红色 | 常亮 | 驾驶员踩下制动踏板时点亮，提醒后车防止追尾 |
| | | 倒车灯 | 白色 | 常亮 | 告知车后的车辆和行人，该车正在倒车 |
| | 内部信号灯具 | 转向指示灯 | 白色 | 闪亮 | 提示驾驶员车辆行驶方向 |

## 二、汽车灯具的位置

下面以卡罗拉轿车为例，介绍汽车照明与信号系统组成及位置。

卡罗拉轿车的前部主要包括前照灯总成、雾灯总成，两侧翼子板安装有侧转向灯，在汽车顶部车内有梳妆灯、个人用灯、车内照明灯，如图4-1-1所示。

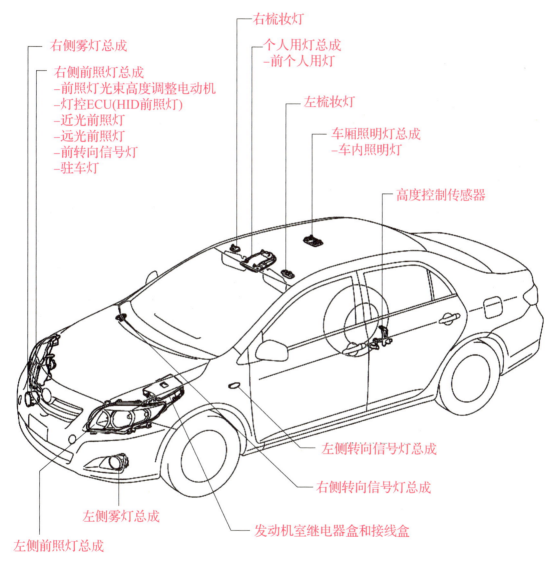

**图4-1-1　卡罗拉轿车车身前部照明与信号系统**

卡罗拉轿车的后部主要包括高位制动灯（也称高位刹车灯）、门控灯、后组合灯、后备厢照明灯、牌照灯总成等。其中，后组合灯包含尾灯、后转向灯、制动灯、倒车灯和雾灯，如图4-1-2所示。

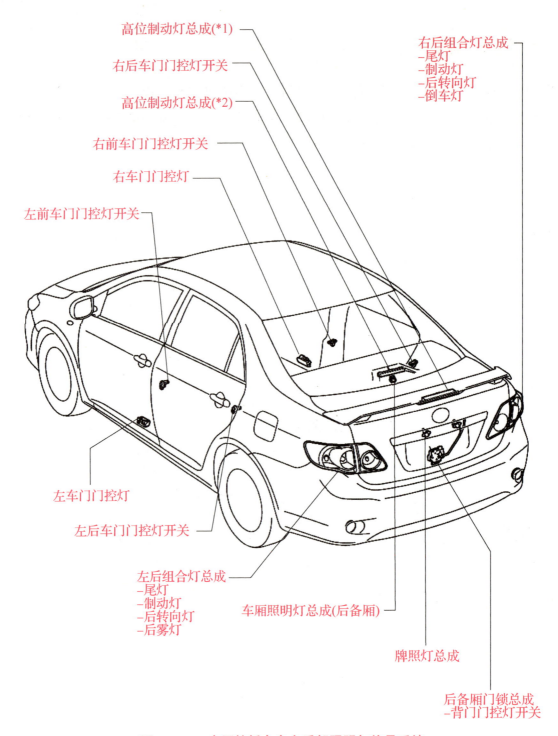

高位制动灯总成(*1)

右后车门门控灯开关

高位制动灯总成(*2)

右前车门门控灯开关

右车门门控灯

左前车门门控灯开关

右后组合灯总成
-尾灯
-制动灯
-后转向灯
-倒车灯

左车门门控灯

左后车门门控灯开关

左后组合灯总成
-尾灯
-制动灯
-后转向灯
-后雾灯

车厢照明灯总成(后备厢)

牌照灯总成

后备厢门锁总成
-背门门控灯开关

图 4-1-2　卡罗拉轿车车身后部照明与信号系统

## 三、汽车灯具的作用

### 1. 外部灯具

汽车常见的外部灯具有前照灯、雾灯、牌照灯、倒车灯、制动灯、转向灯、示位灯、示廓灯、驻车灯、警示灯等，如图 4-1-3 所示。

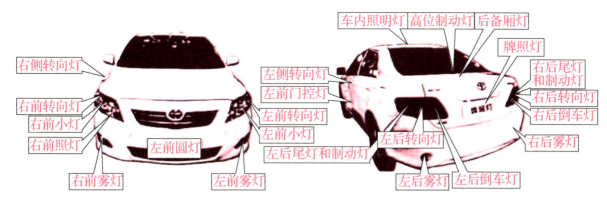

图 4-1-3　汽车常见的外部灯具

1）前照灯

前照灯又称大灯或头灯，在夜间或白天雾、雨中行驶时，为照明道路、辨认前方障碍物的照明灯具。它安装在车辆前端的两侧，按照数量可以分为两灯制、四灯制，即每车装有 2 只或 4 只。按结构分类，可分为半封闭式和全封闭式两种。四灯制前照灯并排安装时，装于外侧的一对应为近、远光双光束灯，装于内侧的一对应为远光单光束灯。远光灯功率一般为 40~60 W，近光灯功率一般为 35~55 W。

2）雾灯

汽车在雾、雪和大雨等恶劣气候条件下或者在烟尘弥漫的环境中行驶时，雾灯能照亮道路，并能抑制照射光束因受到漂浮在空气中的雾滴、雨滴及灰尘等微粒造成乱反射所引起的驾驶员视野不清的光幕现象。雾灯分为前雾灯和后雾灯，安装在汽车头部和尾部，安装位置通常较低。前雾灯功率为 45~55 W，光色为橙黄色。后雾灯功率为 21 W 或 6 W，光色为红色，以警示尾随车辆保持安全间距。

3）牌照灯

牌照灯是车辆后部牌照灯的照明工具，只允许安装在汽车尾部，功率一般为 5~10 W。在法规中规定，牌照灯的亮度必须达到在夜间距离车牌照 25 m 处能够看清牌照上的数字。

4）倒车灯

倒车灯是为了车辆正在倒车或者即将倒车时，向行人或其他司机发出警告信号，并且给车后道路提供照明的一种灯具，安装在汽车尾部。当变速器挂倒挡时，自动发亮。功率一般为 20~25 W，光色为白色。

5）制动灯

制动灯又称刹车灯，安装在汽车尾部，是向车辆后方其他道路使用者表明车辆正在制动的灯具。在踩下制动踏板时，发出较强红光，以示制动。功率为 20~25 W，光色为红色，灯罩显示面积较后示位灯大。为避免尾随大型车对轿车碰撞的危险，轿车后窗内可加装由发光二极管成排显示的高位制动灯。

6）转向灯

转向灯是用于向其他使用道路者表明车辆将向右或向左转向的灯具，包括主转向灯、侧转向灯等。主转向灯一般安装在汽车头、尾部的左右两侧，用来指示车辆行驶趋向。一般在汽车车侧中间或后视镜上装有侧转向灯。

主转向灯功率一般为 20~25 W，侧转向灯为 5 W，光色为琥珀色。转向时，灯光呈闪烁状，频率规定为（1.5±0.5）Hz，起动时间不大于 1.5 s。在紧急遇险状态需其他车辆注意避让时，全部转向灯可通过危险报警灯开关接通同时闪烁。

7）示位灯

示位灯又称示宽灯、位置灯，是用来表明车辆存在和宽度的灯具，安装在汽车前面、后面和侧面。夜间行驶接通前照灯时，示位灯、仪表照明灯和牌照灯同时发亮，以标志车辆的形位等。功率一般为 5~20 W。前示位灯又称小灯，光色为白色或黄色；后示位灯又称尾灯，光色为红色；侧示位灯光色为琥珀色。

8）示廓灯

示廓灯又称角标灯，是用来表明车宽的灯具，安装位置尽可能靠近车辆外缘和车顶位置。空载车高 3 m 以上的车辆均应安装示廓灯，标示车辆轮廓。示廓灯功率一般为 5 W。

9）驻车灯

驻车灯一般装于车头和车尾两侧，要求从车前和车尾 150 m 远处能确认灯光信号，且车前处为白色，车尾处为红色。夜间驻车时，将驻车灯接通，标志车辆形位。

10）警示灯

警示灯一般装于车顶部，用来标示车辆特殊类型，功率一般为 40~45 W。消防车、警车用红色，救护车为蓝色，旋转速度为 2~6 次/s；公交车和出租车为白、黄色。出租车空车标示灯装在仪表台上，功率为 5~15 W。

**2. 内部灯具**

汽车常见的内部灯具有顶灯、阅读灯、后备厢灯、门灯、踏步灯、仪表照明灯、报警及指示灯、工作灯等，如图 4-1-4 所示。

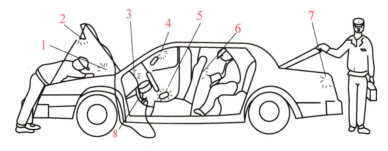

1—发动机罩下灯；2—工作灯；3—仪表照明灯、报警及指示灯；
4—顶灯；5—门灯；6—阅读灯；7—后备厢灯；8—开关照明灯。

**图 4-1-4　汽车常见的内部灯具**

1）顶灯

轿车及载货车一般仅设一只顶灯，灯光一般为白色。顶灯除用作室内照明外，还可兼起监视车内门是否可靠关闭的作用。在监视车门状态下，只要车门未可靠关紧，顶灯就发亮。顶灯功率一般为5~15 W。公共汽车的顶灯有向荧光灯发展的趋势。

2）阅读灯

阅读灯是为乘客看书和看文件设置的照明灯，一般安装在座位的上方侧面，要求照度均匀，并且不允许给驾驶员和乘客（使用者）造成炫目感。有的阅读灯还有光轴方向调节结构。

3）后备厢灯

后备厢灯装于轿车或客车后备厢内，当开启后备厢盖时，该灯自动发亮，照亮后备厢内空间，功率一般为5 W。

4）门灯

门灯装于轿车外张式车门内侧底部，可以在夜间车门打开时照亮车内脚下和车外地面，方便驾驶员和乘客上下车。另外，在开启车门时，门灯发亮，以警告后来行人、车辆避让。功率为5 W，光色为红色。

5）踏步灯

踏步灯装在大中型客车乘员门内的台阶上。夜间开启乘员门时，照亮踏板，功率为3~5 W。踏步灯的灯光不允许使驾驶员和乘客上下车时产生炫目，要求灯光必须向下照射，因此其安装位置较低。

6）仪表照明灯

仪表照明灯用于照明仪表板，装在仪表板反面，用来照明仪表指针及刻度板，功率为2 W。仪表照明灯一般与示位灯、牌照灯并联。有些汽车仪表照明灯发光强度可调节。

7）报警及指示灯

常见的报警及指示灯有机油压力报警灯、水温过高报警灯、充电指示灯、转向指示灯、远光指示灯等，报警灯一般为红色、黄色，指示灯一般为绿色或蓝色。

8）工作灯

工作灯是车辆维修时可以移动使用的一种随车低压照明工具，电源来自汽车发电机或蓄电池，功率一般为21 W，常带有挂钩或夹钳，插头有点烟器式和两柱插头式两种。

目前，大多数汽车照明与信号系统都采用组合灯具。例如，把前照灯、前转向灯、前示位灯等组合在一起，构成前组合灯。又如，把倒车灯、制动灯、后转向灯等组合在一起，构成后组合灯，如图4-1-5所示的大众某轿车后组合灯结构。

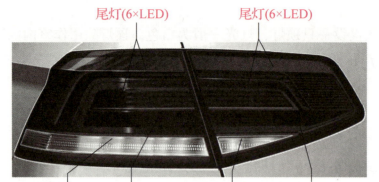

尾灯(6×LED)　　　尾灯(6×LED)

转向信号灯(6×LED) 刹车灯(6×LED) 驻车灯(2×LED) 后雾灯 (2×LED，单侧)

**图 4-1-5　大众某轿车后组合灯结构**

## 一、实施计划

针对案例中出现的故障现象，需要对照明与信号系统进行检查。

## 二、工量具的选用

需要用到的工具和量具有车内五件套、翼子板布、格栅布、挡块。

## 三、实施步骤

| 序号 | 步骤 | 内容 |
| --- | --- | --- |
| 1 | 安装车辆防护 | 打开车门，安装五件套，分别为＿＿＿＿＿＿、＿＿＿＿＿＿、＿＿＿＿＿＿、＿＿＿＿＿＿。 |
| 2 | 确定检查顺序 | 检查顺序如图 4-1-6 所示。<br><br>**图 4-1-6　检查顺序** |

续表

| 序号 | 步骤 | 内容 |
|---|---|---|
| 3 | 照明与信号系统检查 | 1. 驾驶员座椅灯光检查<br><br>将点火开关旋至"ON"位置后，检查车辆的灯是否正常发光和闪烁，并用后视镜观察车外的灯是否正常。<br><br>（1）检查示宽灯、牌照灯、尾灯以及仪表板灯车灯是否正常亮起。<br><br>如图 4-1-7 所示，将灯光控制开关旋动一挡，然后检查示宽灯、牌照灯、尾灯以及仪表板灯车灯是否亮起。<br><br><br><br>图 4-1-7　检车示宽灯等是否正常亮起<br><br>（2）检查前照灯（近光灯）是否正常亮起。<br><br>如图 4-1-8 所示，将灯光控制开关旋动两挡后，检查前照灯（近光灯）是否亮起。<br><br><br><br>图 4-1-8　检查前照灯（近光灯）是否正常亮起<br><br>（3）检查前照灯（远光灯）是否正常亮起。<br><br>如图 4-1-9 所示，在近光灯基础上，将变光开关推开，检查前照灯（远光灯）是否亮起。<br><br><br><br>图 4-1-9　检查前照灯（远光灯）是否正常亮起 |

| 序号 | 步骤 | 内容 |
|---|---|---|
| 3 | 照明与信号系统检查 | （4）检查前照灯闪光器和指示灯是否正常亮起。<br><br>如图4-1-10所示，把变光器开关向前拉，检查前照灯闪光器和指示灯工作是否正常。 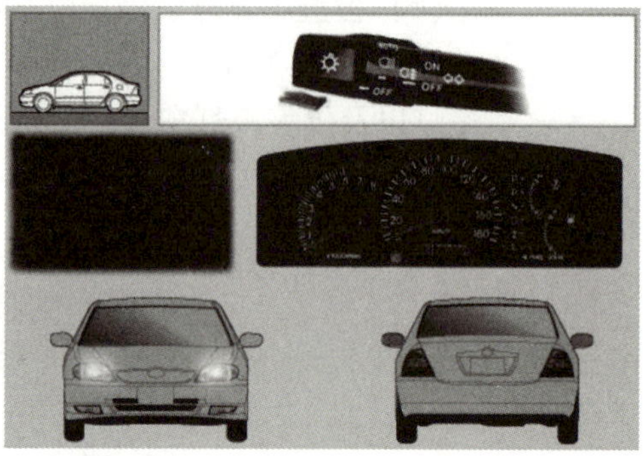<br><br><br>**图4-1-10　检查前照灯闪光器和指示灯是否正常亮起**<br><br>（5）检查转向灯和指示灯是否正常亮起。<br><br>将变光器开关上下移动，检查转向灯和指示灯工作是否正常，如图4-1-11所示。 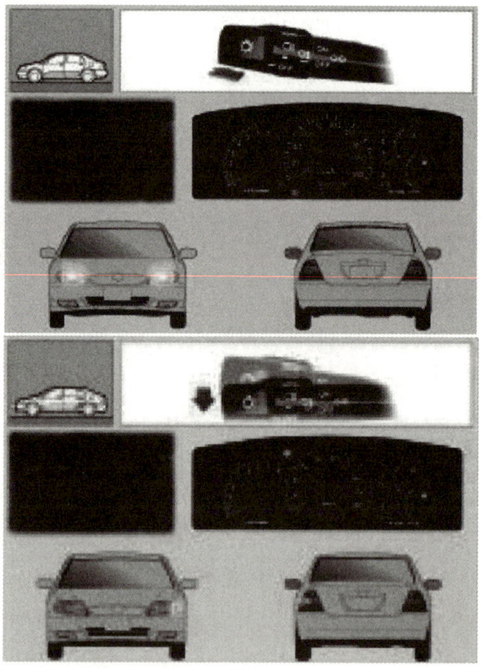<br><br><br>**图4-1-11　检查转向灯和指示灯是否正常亮起**<br><br>（6）按下危险报警灯开关，检查危险报警灯是否正常亮起。<br>（7）推动变光开关，检查停车灯是否正常亮起。<br>（8）挂倒挡，检查倒车灯是否正常亮起。<br>2.变光开关自回操作<br>把车辆正放，上下转动变光开关，然后顺时针（逆时针）方向转动方向盘约____度，把方向盘转到初始位置，把变光器开关置于中间位置。 |

| 序号 | 步骤 | 内容 |
|---|---|---|
| 3 | 照明与信号系统检查 | 3. 组合仪表报警灯操作<br>将点火开关转到"ON"位置，检查所有的报警灯是否亮起；检查发动机起动后，所有的报警灯是否熄灭。<br>4. 门控灯开关检查<br>通过检查门控灯开关，确保打开一扇车门时顶灯变亮，而所有车门关闭时顶灯熄灭。配备照明进入系统的车辆的顶灯不会立即熄灭，因此需要等待几秒钟，以便检查顶灯是否熄灭。门控灯开关检查如图4-1-12所示。<br><br>图 4-1-12　门控灯开关检查<br><br>5. 尾灯检查<br>用手检查尾灯是否松动，通过检查确保各灯的灯罩和反光镜没有褪色或者因为碰撞而损坏，同时，检查灯内是否有污物或者有水进入，如图4-1-13 所示。<br><br>图 4-1-13　尾灯检查<br><br>除此之外，还要对每个门控灯开关进行检查 |
| 4 | 取下防护 | 取下防护套装（翼子板布、格栅布），关闭发动机舱盖，取下五件套，将工量具归位 |

### 任务评价 ▶▶ ▶

请完成以下任务评价：

任务完成情况：

| 评价项目 | 完成情况 | |
|---|---|---|
| 照明与信号系统检查顺序是否正确？ | □是 | □否 |
| 过程中所用工具是否归位？ | □是 | □否 |
| 工作过程中操作是否规范？ | □是 | □否 |
| 照明与信号系统检查是否完整？ | □是 | □否 |

自我评价：

根据任务完成情况，学生进行自我评估并提出改进意见：

教师评价：

根据任务完成情况，教师对学生进行评价并提出改进意见：

请根据任务完成情况打分（满分100）

| 自我评价 | 组长评价 | 教师评价 | 总分 |
|---|---|---|---|
| | | | |

### 拓展提升 ▶▶ ▶

**别克威朗前照灯开关的更换**

1. 预备程序–打开仪表板驾驶员膝垫储物箱

2. 松开固定凸舌

3. 断开电气连接

# 任务2 前照灯的检修

 **任务目标**

（1）可以读懂照明与信号系统电路原理图；

（2）可以根据电路图分析电路工作原理；

（3）能够完成前照灯的检修；

（4）具备信息查询和手册使用的基本能力。

**案例导入**

一辆别克威朗轿车，车主王先生在晚上行车时，发现右侧灯光正常点亮，左侧灯光异常。第二天经维修人员检修后发现，左侧近光灯灯泡存在故障，经更换灯泡后故障消失。

**任务分析**

根据案例中的现象分析，汽车左侧灯光异常的原因如图4-2-1所示。案例中在更换完灯泡后故障消失，因此，需要对近光灯及控制电路进行检测，以找到故障原因。

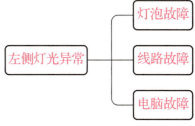

图4-2-1 左侧灯光异常的原因

**知识支撑**

## 一、前照灯的要求

前照灯用于夜间行车时，照亮车前的道路和物体，确保行车安全，同时也可发出远光和近光交替变换的灯光信号。汽车前照灯的照明效果直接影响夜间行车安全，因此，世界各国多以法律形式规定了汽车前照灯的照明标准，以确保夜间行车的安全，其基本要求如下。

（1）前照灯应保证车前有明亮而均匀的照明，使驾驶员能看清车前100 m路面上的障碍物。随着汽车行驶速度的提高，对汽车前照灯的照明距离要求也越来越远，现代高速汽车的照明距离应达到200~250 m。

**101**

（2）前照灯应具有防止炫目功能，以免夜间两车相会时，使对方驾驶员产生炫目而造成交通事故。

（3）汽车的前照灯应该安装远、近光变换装置，且在远光切换到近光时，所有的远光灯均应同时熄灭。

## 二、前照灯的结构

汽车前照灯

通常，汽车前照灯一般由灯泡、反射镜、配光镜三部分组成。

### 1. 灯泡

目前汽车前照灯的灯泡可分为三种，即卤素灯、氙气灯、LED 灯。

1）卤素灯

卤素灯又称为钨卤灯泡、石英灯泡，是白炽灯的一个变种，如图 4-2-2 所示。卤素灯与白炽灯的最大差别在于，卤素灯的玻璃外壳中充有一些卤族元素气体（通常是碘或溴），其工作原理为：当灯丝发热时，钨原子被蒸发后向玻璃管壁方向移动，当接近玻璃管壁时，钨蒸气被冷却到大约 800 ℃ 并和卤素原子结合在一起，形成卤化钨（碘化钨或溴化钨）。卤化钨向玻璃管中央继续移动，又重新回到被氧化的灯丝上，由于卤化钨是一种很不稳定的化合物，其遇热后又会重新分解成卤素蒸气和钨，这样钨又在灯丝上沉积下来，弥补被蒸发掉的部分。通过这种再生循环过程，灯丝的使用寿命不仅得到了大大延长（几乎是白炽灯的 4 倍），同时由于灯丝可以工作在更高温度下，从而得到了更高的亮度、更高的色温和更高的发光效率。

图 4-2-2　卤素灯

2）氙气灯

氙气灯，也叫 HID 气体放电式头灯，如图 4-2-3 所示，是用包裹在石英管内的高压氙气替代传统的钨丝，提供更高色温、更聚集的照明。由于氙气灯是采用高压电流激活氙气而形成的一束电弧光，可在两电极之间持续放电发光。普通汽车钨丝灯泡的功率达到 55 W，而氙灯仅需 35 W。氙气灯可明显减轻车辆电力系统的负担。汽车氙气灯的色温在 4 000～6 000 K 之间，远远高于普通车前照灯灯泡。它亮度高，4 300 K 的氙气灯的光色为白色偏黄，由于色温较低，视觉效果偏黄，光线的穿透力强于高色温的灯，可以提高夜间和大雾天气的行车安全性。

3）LED 灯

LED 灯采用了 LED（发光二极管）技术，用于汽车的外部与内部照明，如图 4-2-4 所示。LED 灯的使用寿命为 5 万小时，且结构坚固，不容易受振动影响，使用过程中光输出亮度也不会明显下降。LED 灯适合于汽车电子的各种照明应用，包括前照灯（远光灯、近光灯），雾灯，尾灯，制动灯，转向灯，白天行车灯，踏板照明灯，仪表灯，牌照灯，车门灯，车内照明灯，示宽灯，导航，娱乐系统，背光灯及指示灯等。

图 4-2-3　氙气灯

图 4-2-4　LED 灯

## 2. 反射镜

反射镜又称反光镜，作用是最大限度地将灯泡发出的光线聚合成强光束，达到照射距离远而明亮的目的。它是由 0.6~0.8 mm 冷轧钢板冲压成旋转抛物面形状，如图 4-2-5 所示。

反射镜内表面经精工研磨后镀铬或镀铝或镀银再抛光。现代汽车前照灯的反射镜多采用真空镀铝工艺，镀铝反射系数可达 94% 以上。镀银反射系数可达 95%，但成本高。由于前照灯灯丝发出的光度有限，功率仅 40~60 W，如无反射镜，只能照清汽车灯前 6 m 左右的路面。反射镜的作用就是灯泡的光线聚合并导向前方，如图 4-2-6 所示。

图 4-2-5　反射镜

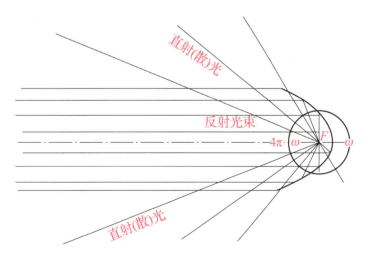

直射(散)光

反射光束

$-4\pi \cdot \omega$　$F$　$\omega$

直射(散)光

图 4-2-6　反射镜的作用

灯丝位于反射镜的焦点上，灯丝的绝大部分光线向后射在立体角 $4\pi\omega$ 范围之内，经反射镜反射后变成平行光束投射向远方，使光度增强几百倍至上千倍，达到 20 000~40 000 cd 以上，从而使车前 150~400 m 的路面照得足够清楚。

### 3. 配光镜

配光镜也称散光镜，由透光玻璃压制而成，是多块特殊的棱镜和透镜的组合。其几何形状比较复杂，一般为圆形和矩形。其主要作用是将反射镜反射出的平行光束进行折射，使车前路面和路缘都有良好而均匀的照明。配光镜的结构和作用如图 4-2-7 所示。

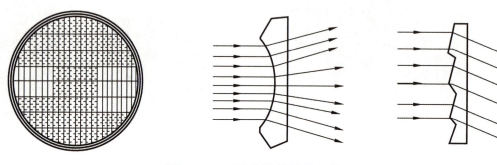

图 4-2-7　配光镜的结构和作用

### 4. 前照灯防炫目功能

炫目是指人的眼睛突然被强光照射时，由于视神经受刺激而失去对眼睛的控制，本能地闭上眼睛，或只能看见亮光而看不见暗处物体的生理现象。为了避免前照灯的强光线使对面来车驾驶员产生炫目，而造成交通事故，并保持良好的路面照明，在现代汽车上普遍采用双丝灯泡的前照灯。其中一根灯丝为远光灯丝，光度较强，灯丝放在反射镜的焦点上；另一根灯丝为近光灯丝，光度较弱，位于焦点的上方或前方。当夜间行驶无迎面来车时，可通过控制电路接通远光灯丝，使前照灯光束射向远方，便于提高车速。当两车相遇时，接通近光灯丝，前照灯光束倾向路面，使车前 50 m 内路面照得十分清晰，从而避免了迎面来车驾驶员的炫目现象。

## 三、前照灯的控制

### 1. 前照灯控制电路

丰田卡罗拉前照灯控制电路（不带自动灯控）如图 4-2-8 所示。

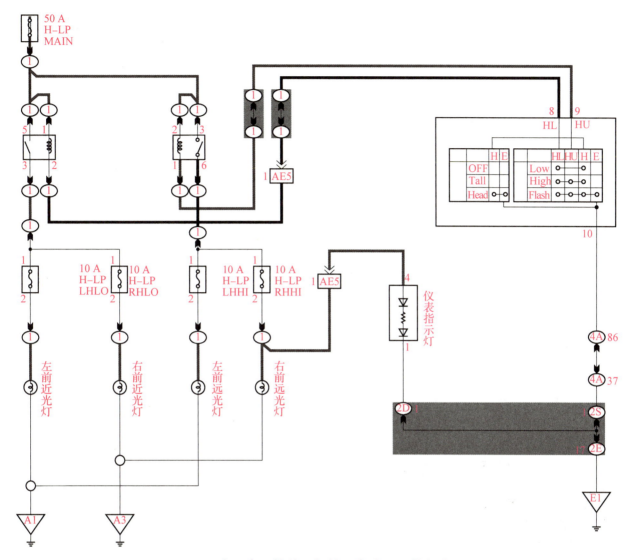

**图 4-2-8　丰田卡罗拉前照灯控制电路（不带自动灯控）**

## 2. 电路组成

丰田卡罗拉前照灯电路组成如表 4-2-1 所示。

**表 4-2-1　丰田卡罗拉前照灯电路组成**

| 代号 | 名称 |
|---|---|
| 50 A H-LP MAIN | 前照灯供电保险丝 |
| H-LP RELAY | 近光灯继电器 |
| DIMMER RELAY | 远光灯继电器 |
| E60 | 前照灯开关 |
| 10 A H-LP LH LO | 左侧近光灯保险丝 |
| 10 A H-LP RH LO | 右侧近光灯保险丝 |
| 10 A H-LP LH HI | 左侧远光灯保险丝 |
| 10 A H-LP LH HI | 右侧远光灯保险丝 |

续表

| 代号 | 名称 |
|---|---|
| A37 | 右侧远光灯灯泡 |
| A38 | 左侧远光灯灯泡 |
| A64 | 右侧近光灯灯泡 |
| A65 | 左侧近光灯灯泡 |
| E46 | 远光灯开启指示灯 |
| E60 | 灯光开关 |

### 3. 近光灯控制电路

近光灯控制电路如图4-2-9所示：当闭合近光灯开关时，近光灯继电器线圈通电，控制近光灯继电器触点闭合。近光灯继电器线圈闭合时电流路径如图4-2-10所示。

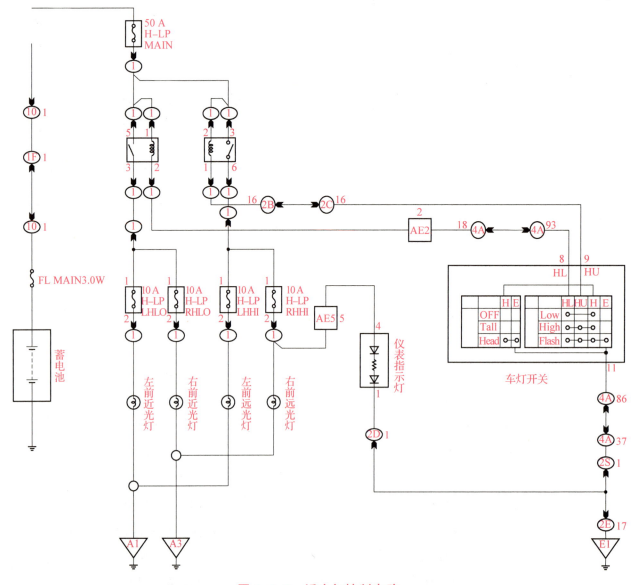

图 4-2-9　近光灯控制电路

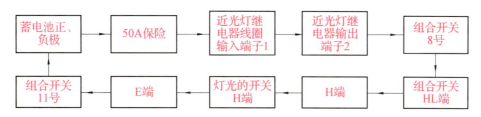

图 4-2-10　近光灯继电器线圈闭合时电流路径

当近光灯继电器触点闭合，两侧近光灯亮起时，电流路径如图 4-2-11 所示。

图 4-2-11　近光灯亮起时电流路径

### 4. 远光灯控制电路

远光灯控制电路如图 4-2-12 所示：当闭合远光灯开关，远光灯继电器线圈通电，控制远光灯继电器触点闭台。远光灯继电器线圈闭合时电流路径如图 4-2-13 所示。

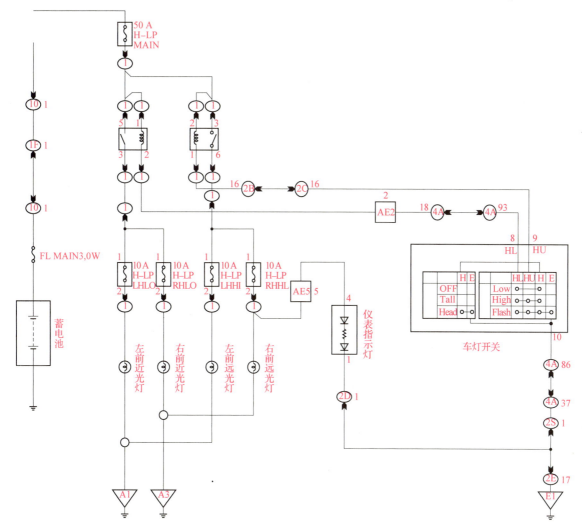

图 4-2-12　远光灯控制电路

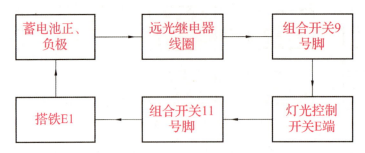

图 4-2-13　远光灯继电器线圈闭合时电流路径

当远光灯继电器触点闭合，两侧远光灯亮起时，电流路径如图 4-2-14 所示。

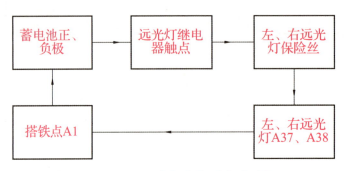

图 4-2-14　远光灯亮起时电流路径

## 四、别克威朗前照灯系统

### 1. 开关部分

别克威朗前照灯系统开关部分电路图如图 4-2-15 所示。

K9 车身控制模块接收 S30 前照灯开关，各挡位信号通过网络使 P16 组合仪表点亮相应灯光指示灯。

### 2. 用电器部分

别克威朗前照灯系统用电器部分电路图如图 4-2-16 所示。

K9 车身控制模块接收 S30 前照灯开关各挡位信号，控制右大灯总成和左大灯总成，灯泡点亮。

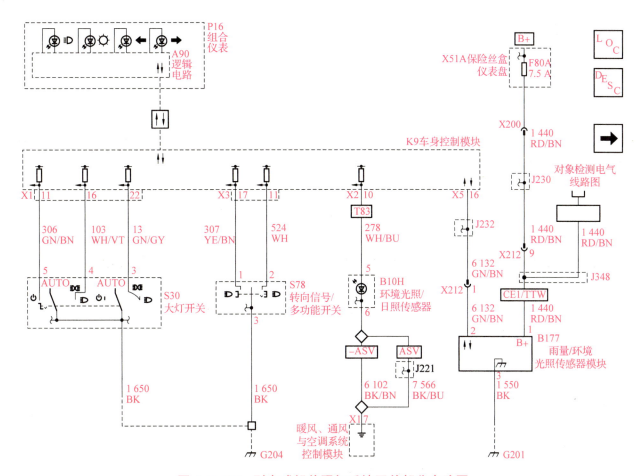

图 4-2-15　别克威朗前照灯系统开关部分电路图

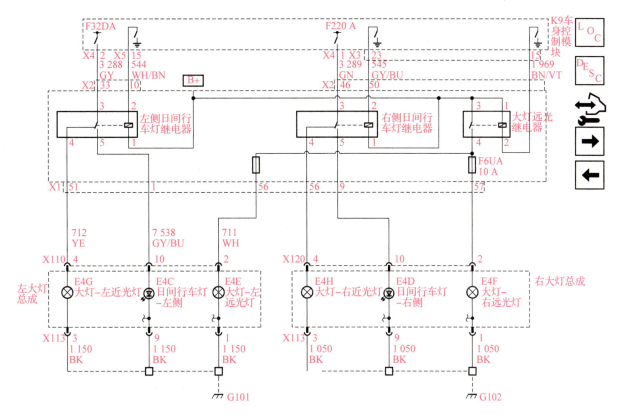

图 4-2-16　别克威朗前照灯系统用电器部分电路图

实践训练 ▶▶ ▶

## 一、实施计划

针对案例中出现的故障现象，有可能出现的问题有：灯泡故障、线路故障等。经检测，确定为左侧近光灯灯泡故障，因此需要更换近光灯灯泡。

## 二、工量具的选用

需要用到的工具和量具有工具套装、万用表、翼子板布、格栅布、车内五件套等。

## 三、实施步骤

| 序号 | 步骤 | 内容 |
|---|---|---|
| 1 | 安装车辆防护 | 打开车门，安装五件套，分别为_____、_____、_____、_____。 |
| 2 | 故障确认 | 左侧灯光是否正常点亮：□是　　□否<br>右侧灯光是否正常点亮：□是　　□否<br>左后尾灯是否正常点亮：□是　　□否<br>右后尾灯是否正常点亮：□是　　□否<br>确认故障现象为：_____ |
| 3 | 故障排除 | （1）将点火开关置于"OFF"位置，断开 K9 车身控制模块的 X1 线束连接器，再将点火开关置于"ON"位置。<br>（2）确认 B+ 电路端子 2 和搭铁之间的测试灯点亮。<br>如果测试灯未点亮且电路保险丝完好，继续以下步骤。<br>①将点火开关置于"OFF"位置，断开 X51A 保险丝盒–仪表板处的 X1 线束连接器。<br>②测试 B+ 电路端对端电阻是否小于 2 Ω。<br>a. 如果大于或等于 2 Ω，则修理电路中的断路/电阻过大故障。<br>b. 如果小于 2 Ω，则确认保险丝未熔断且保险丝有电压。<br>c. 如果测试灯未点亮且电路保险丝熔断，继续以下步骤。<br>①将点火开关置于"OFF"位置，断开 X51A 仪表板保险丝盒处的 X1 线束连接器。<br>②测试 B+ 电路和搭铁之间的电阻是否为无穷大。<br>a. 如果电阻不为无穷大，则修理电路对搭铁短路故障。<br>b. 如果电阻为无穷大，则更换 K9 车身控制模块。 |

续表

| 序号 | 步骤 | 内容 |
|---|---|---|
| 3 | 故障排除 | （3）将点火开关置于"OFF"位置，连接 K9 车身控制模块的 X1 线束连接器。<br>（4）将点火开关置于"OFF"位置，熄灭车外灯，断开 E4G 左近光前照灯处的线束连接器。<br>（5）测试灯座端子搭铁电路和搭铁之间的电阻是否小于 5 Ω。<br>如果大于或等于 5 Ω，继续以下步骤。<br>①将点火开关置于"OFF"位置。<br>②测试搭铁电路端对端电阻是否小于 2 Ω。<br>a. 如果大于或等于 2 Ω，则修理电路中的断路/电阻过大故障。<br>b. 如果小于 2 Ω，则修理搭铁连接中的断路/电阻过大故障。<br>c. 如果小于 5 Ω，继续以下步骤。<br>（6）在灯座端子的控制电路和搭铁之间连接测试灯，将点火开关置于"ON"位置。<br>（7）当用故障诊断仪指令"左侧近光灯/日间行车灯"点亮和熄灭时，确认测试灯点亮和熄灭。<br>如果测试灯始终熄灭，继续以下步骤。<br>①将点火开关置于"OFF"位置，断开 K9 车身控制模块的 X4 线束连接器。<br>②测试控制电路和搭铁之间的电阻是否为无穷大。<br>a. 如果电阻不为无穷大，则修理电路中搭铁短路故障。<br>b. 如果电阻为无穷大，继续以下步骤。<br>③测试控制电路端对端的电阻是否小于 2 Ω。<br>a. 如果大于或等于 2 Ω，则修理电路中的断路/电阻过大故障。<br>b. 如果小于 2 Ω，则更换 K9 车身控制模块。<br>c. 如果测试灯始终点亮，继续以下步骤。<br>①将点火开关置于"OFF"位置，断开 K9 车身控制模块的 X4 线束连接器，再将点火开关置于"ON"位置。<br>②测试控制电路端子和搭铁之间的电压是否小于 1 V。<br>a. 如果大于或等于 1 V，则修理电路对电压短路故障。<br>b. 如果小于 1 V，则更换 K9 车身控制模块。<br>c. 如果测试灯点亮和熄灭，继续以下步骤。<br>（8）测试或更换 E4G 前照灯-左近光灯泡 |
| 4 | 更换灯泡 | 将灯座逆时针旋转四分之一圈并拆下 |
| 5 | 复检 | 维修工作完成后，确认故障是否排除：□是　　　□否 |
| 6 | 取下防护 | 取下防护套装（翼子板布、格栅布），关闭发动机舱盖，取下五件套，将工量具归位 |

 **任务评价**

请完成以下任务评价:

任务完成情况:

| 评价项目 | 完成情况 | |
|---|---|---|
| 车辆是否能正常起动? | □是 | □否 |
| 过程中所用工具是否归位? | □是 | □否 |
| 工作过程中操作是否规范? | □是 | □否 |
| 车辆是否能正常行驶? | □是 | □否 |

自我评价:

根据任务完成情况,学生进行自我评估并提出改进意见:

教师评价:

根据任务完成情况,教师对学生进行评价并提出改进意见:

请根据任务完成情况打分(满分100)

| 自我评价 | 组长评价 | 教师评价 | 总分 |
|---|---|---|---|
| | | | |

 **拓展提升**

### 光线照射角度检查

1. 准备工作

(1) 安装车轮挡块、车内五件套、翼子板布等防护用具。

(2) 检查车灯的清洁度,并保持表面干燥。检查轮胎压力,并将车轮回正,同时确保底盘没有变形。车灯测试时,必须确保地面平整。如果地面不平,则需要将前照灯检测仪和车辆调整到同一水平面上。任何情况下坡度不得超过0.5%,且必须避免在不平坦的地面上进行车灯测试,以确保测试结果的准确性,如图4-2-17所示。

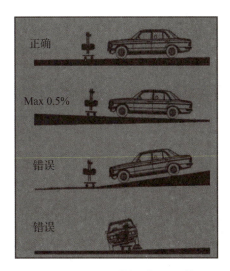

图 4-2-17　确保地面平整

2. 前照灯校准

1）光学箱定位

将检测仪放置在车辆的右车灯前至少 20 cm 的距离，如图 4-2-18 所示，在车灯中间处从地面进行高度测量，然后根据柱子上的指数标度对光学箱进行调整。

2）光学箱调整

通过目视内部水平仪保证光学箱处于水平的位置。如果光学箱没有放置水平，松开操作杆并对光学箱进行适当调节，如图 4-2-19 所示。

图 4-2-18　光学箱定位　　　　　　　　图 4-2-19　光学箱调整

3）瞄准屏校准

在车辆前部找出两个对称参照点，如车灯或挡风玻璃上的上侧。根据两个参照点，对瞄准屏进行校准，如图 4-2-20 所示。

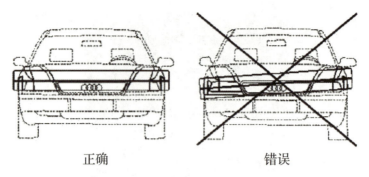

正确　　　　　　　　错误

图 4-2-20　瞄准屏校准

4）倾角调整

读取车灯上部生产商标注的倾角，如1.2%，在光学箱尾部转动滚轮调整至相应的位置，如图4-2-21所示。

图 4-2-21　倾角调整

5）近光灯校准

检查控制面板，确定车灯投射是否有丝印线对齐，并按近光灯符号读取测量数值，如图4-2-22所示。

6）远光灯校准

检查控制面板，确定车灯投射是否有丝印线对齐，并按远光灯符号读取测量数值，如图4-2-23所示。

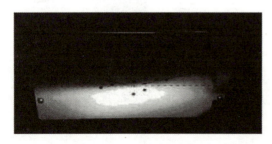

图 4-2-22　近光灯校准　　　　　　图 4-2-23　远光灯校准

# 任务 3　转向灯的检修

 **任务目标**

（1）能通过与客户交流、查阅相关的维修技术资料等方式获取车辆信息；

（2）能根据转向灯、危险报警灯的故障现象制订正确的维修计划；

（3）能够进行转向灯总成的更换，熟悉操作流程；

（4）能进行维修场地的维护，注重场地环保。

 **案例导入**

　　一辆别克威朗轿车，车主反映开启左转向灯时异常，右转向灯正常。经检查，左前转向灯灯泡故障，更换后，故障排除。

 **任务分析**

　　针对案例中出现的故障，已经确定为左前转向灯灯泡故障，因此需要对其进行更换。

 **知识支撑**

　　汽车转向灯主要用来指示车辆行驶方向，如起步、转弯、变更车道或路边停车时，均需要打开转向灯以表示汽车的趋向，提醒周围车辆和行人注意。

　　转向灯按照位置有前转向灯、侧转向灯和后转向灯。转向灯系统由闪光继电器（简称闪光器）、转向灯开关、转向灯和仪表板上的转向指示灯等组成。转向灯闪烁是由闪光器控制电流通断实现的，闪光频率规定为（1.5±0.5）Hz。有的汽车转向信号闪光器和危险报警闪光器共用，有的汽车转向信号闪光器和危险报警闪光器单独设置。

　　当接通危险报警信号开关时，所有转向灯同时闪烁，表示车辆遇紧急情况，请求其他车辆避让。根据 GB 7258—2017《机动车运行安全技术条件》规定，危险报警灯操纵装置不得受点火开关控制。

## 一、闪光器

　　常见的闪光器主要包括电容式闪光器、翼片式闪光器及晶体管式闪光器。

### 1. 电容式闪光器

电容式闪光器结构如图 4-3-1 所示，由继电器、电容等组成。

在继电器的铁心上绕有串联线圈和并联线圈，利用电容器充放电时电流方向相反和延时的特性，控制继电器串联线圈和并联线圈所产生的电磁力的大小和方向，进而控制动断触点的开闭状态，使转向灯因通过电流大小交替变化而闪烁。

### 2. 翼片式闪光器

翼片式闪光器有直热翼片式闪光器和旁热翼片式闪光器两种。

1）直热翼片式闪光器

直热翼片式闪光器主要由直热翼片、热胀条、触点等组成，如图 4-3-2 所示。

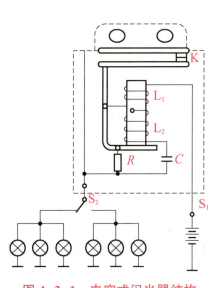

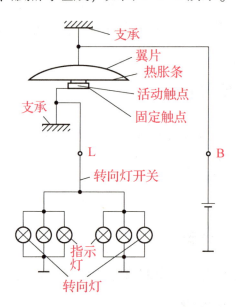

图 4-3-1  电容式闪光器结构          图 4-3-2  直热翼片式闪光器

该类闪光器在工作时，弹性翼片在热胀条的拉力下呈弓形，触点处于闭合状态。

接通转向开关（左或右）后，转向灯与转向指示灯电路接通，灯亮。电路如下：蓄电池正极→翼片→热胀条→触点→转向灯开关→转向灯及转向指示灯→搭铁→蓄电池负极。由于电流流经热胀条，热胀条伸长。翼片在自身弹力作用下伸直，活动触点随热胀条向上移动与固定触点分离。

电路被切断，转向灯与转向指示灯熄灭。热胀条电流消失后，冷却收缩，牵动翼片再次呈弓形，活动触点下移与固定触点再次闭合，电路接通，转向灯与转向指示灯又亮。如此反复，产生了闪烁的转向信号，同时发出"啪嗒、啪嗒"的响声。

2）旁热翼片式闪光器

旁热翼片式闪光器与直热翼片式闪光器的主要不同点在于热胀条上绕有电热丝，如图 4-3-3 所示。

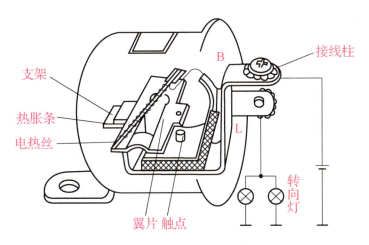

图 4-3-3　旁热翼片式闪光器

电热丝下端与热胀条相接，上端与静触点相连，匝间与热胀条绝缘。工作时，翼片受热胀条拉力作用呈弓形，触点张开。转向灯开关闭合后，电热丝通电时加热热胀条，使其膨胀伸长，翼片在自身弹力作用下伸直，使触点闭合。

触点闭合后，转向灯与转向指示灯亮。电热丝被触点短路，热胀条冷却收缩，翼片被拉呈弓形，触点再次张开，转向灯与转向指示灯变暗，然后电热丝再次通电。如此周期性动作，转向灯产生闪烁灯光信号。当电热丝通电时，电流虽经转向灯构成回路，因为电流很小，转向灯不会亮。

### 3. 晶体管式闪光器

晶体管式闪光器有带继电器的晶体管闪光器和集成电路闪光器两种。

1）带继电器的晶体管闪光器

带继电器的晶体管闪光器的工作原理如图 4-3-4 所示。其主要由晶体管开关电路和小型继电器组成。

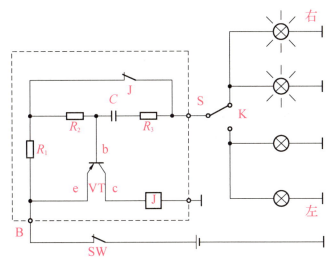

图 4-3-4　带继电器的晶体管闪光器的工作原理

当汽车打开右转向灯时，电流流向：蓄电池正极→电源开关 SW→接线柱 B→电阻 $R_1$→继电器的动断触点 J→接线柱 S→转向灯开关 K→右转向灯→搭铁→蓄电池负极，形成回路，右转向灯亮。当电流通过电阻 $R_1$ 时，在电阻 $R_1$ 上产生电压降，晶体管 VT 因正向偏压而导通，集电极电流通过继电器线圈 J，使继电器的动断触点立即打开，右转向灯随之熄灭。

晶体管接通的同时，其基极电流向电容器 $C$ 充电。电流流向：蓄电池正极→电源开关 SW→接线柱 B→晶体管的发射极 e、基极 b→电容器 $C$→电阻 $R_3$→接线柱 S→转向灯开关 K→右转向灯→搭铁→蓄电池负极，形成回路。

随着电容器电荷的积累，充电电流逐渐减小，晶体管的集电极电流也随之减小。当电流减小，线圈中产生的电磁力不能维持衔铁的吸合时，继电器触点重又闭合，转向灯又再次发亮。

这时电容器 $C$ 通过电阻 $R_2$、继电器触点 J、电阻 $R_3$ 放电。放电电流在 $R_2$ 上产生的电压降为晶体管提供反向偏压，加速晶体管的截止。当放电电流接近零时，$R_1$ 上的电压降为晶体管 VT 提供正向偏压使其导通。

这样，电容器不断地充电和放电，晶体管也就不断地导通与截止，控制继电器触点反复地断开、闭合，使转向灯闪烁。

2）集成电路闪光器

上海桑塔纳汽车用的集成电路闪光器的工作原理如图 4-3-5 所示，U234B 型集成块是一块低功率、高精度的汽车电子闪光器专用集成电路。U234B 的标称电压为 12 V，实际工作电压范围为 9~18 V，采用双列 8 脚直插塑料封装。内部电路主要由输入检测器 SR、电压检测器 D、振荡器 Z 及功率输出级 SC 四部分组成。

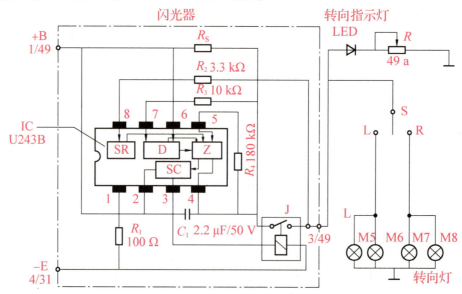

SR—输入检测器；D—电压检测器；Z—振荡器；

SC—输出级；$R_S$—取样电阻；J—继电器。

图 4-3-5　上海桑塔纳汽车用的集成电路闪光器的工作原理

输入检测器用来检测转向灯是否接通。振荡器由一个电压比较器和外接的电阻 $R_4$ 和电容器 $C_1$ 组成。内部电路比较器的一端提供了一个参考电压，其值由电压检测器控制；比较器的另一端则由外接的电阻 $R_4$ 和电容器 $C_1$ 提供一个变化的电压，从而形成电路的振荡。振荡器工作时，输出级的矩形波便控制继电器线圈的电路，并使继电器触点反复断开和闭合。于是转向灯和转向指示灯闪烁，频率为 80 次/min。

如果一只转向灯烧坏，则流过取样电阻 $R_S$ 的电流减小，其电压降减小，经电压检测器识别后，便控制振荡器电压比较器的参考电压，从而改变振荡频率，使转向指示灯的闪光频率加快一倍，以提示驾驶员及时检修。

当打开危险报警灯开关时，汽车的前后左右转向灯同时闪烁，作为危险报警信号。

## 二、转向灯电路

转向灯和危险报警系统电路如图 4-3-6 所示。

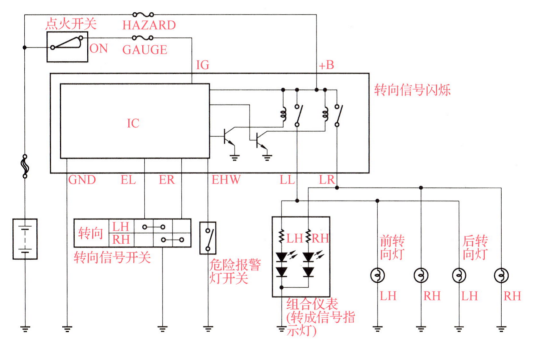

图 4-3-6    转向灯和危险报警系统电路

当操作转向信号开关时，转向信号闪光器打开转向灯 LH 或 RH，它发出闪光。为了使驾驶员关注此操作，发出操作声音。

当转向信号开关移动到左边位置时，转向信号闪光器的 EL 端子接地，电流流到 LL 端子，左转向灯闪烁，如图 4-3-7 所示。在点亮前后左转向灯的同时，组合仪表内左转向信号指示灯也被点亮，提醒驾驶员左转向灯点亮，且左转向信号指示灯与左转向灯同步闪烁。

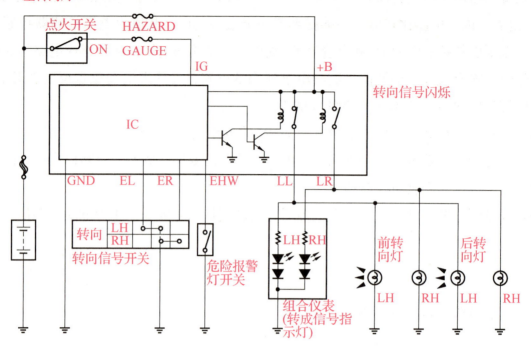

图 4-3-7　左转向灯点亮

当转向信号开关移到右侧位置时，转向信号闪光器的 **ER** 端子接地，电流流到 **LR** 端子，右转向灯闪烁，如图 4-3-8 所示。在点亮前后右转向灯的同时，组合仪表内右转向信号指示灯也被点亮，提醒驾驶员右转向灯点亮，且右转向信号指示灯与右转向灯同步闪烁。

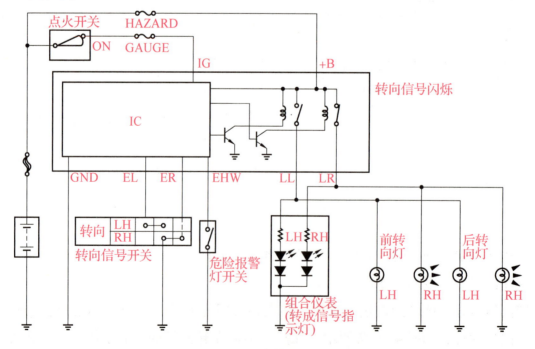

图 4-3-8　右转向灯点亮

如果某只转向灯灯泡烧坏了，电流总量减少，闪烁变快，以此来通知驾驶员转向灯灯泡损坏。

当危险报警灯开关移到"ON"位置时，转向信号闪光器的 EHW 端子接地，电流流向 LL 和 LR 两个端子，并且所有的转向灯闪烁，如图 4-3-9 所示。在点亮危险报警灯的同时，组合仪表内左右转向信号指示灯也被点亮，提醒驾驶员危险报警灯亮，且左右转向信号指示灯与危险报警灯同步闪烁。

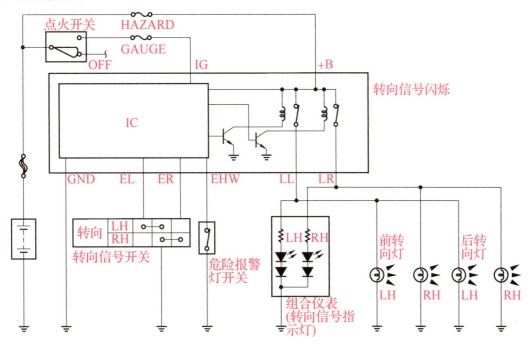

图 4-3-9　危险报警灯点亮

## 三、别克威朗转向灯系统

### 1. 开关部分

别克威朗转向灯系统开关部分电路图如图 4-3-10 所示。

K9 车身控制模块接收 S78 转向信号/多功能开关，通过网络使 P16 组合仪表点亮相应灯光指示灯。

### 2. 用电器部分

别克威朗转向灯系统用电器部分电路图如图 4-3-11 所示。

K9 车身控制模块接收 S78 转向信号/多功能开关，控制对应转向灯灯泡点亮。

汽车电子电气技术

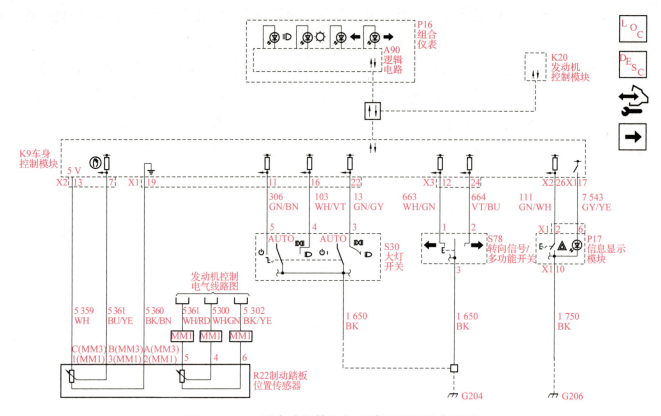

图 4-3-10　别克威朗转向灯系统开关部分电路图

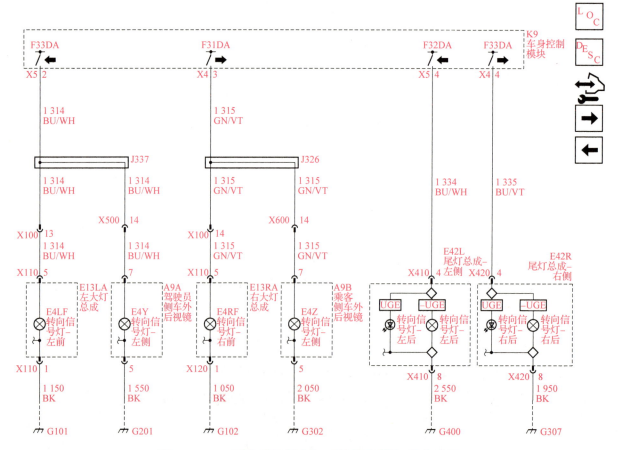

图 4-3-11　别克威朗转向灯系统用电器部分电路图

实践训练 ▸▸ ▸

汽车转向灯更换

## 一、实施计划

针对案例中出现的故障，已经确定为左前转向灯灯泡故障，因此需要对其进行更换。

## 二、工量具的选用

需要用到的工具和量具有专用工具、车内三件套、翼子板布、格栅布、挡块等。

## 三、实施步骤

| 序号 | 步骤 | 内容 |
|---|---|---|
| 1 | 安装车辆防护 | 打开车门，安装三件套，分别为 _____、_____、_____ |
| 2 | 故障确认 | 左转向灯是否正常点亮：□是　　□否<br>右转向灯是否正常点亮：□是　　□否<br>确认故障现象为：_____ |
| 3 | 故障排除 | （1）将点火开关置于"OFF"位置，熄灭车外灯，断开相应转向灯的线束连接器。<br>（2）测试下列相应搭铁电路端子和搭铁之间的电阻是否小于5 Ω。<br>·E4LF 转向灯灯座端子-左前<br>·E4RF 转向灯灯座端子-右前<br>·E4Y 转向信号复示灯灯座端子-左侧<br>·E4Z 转向信号复示灯灯座端子-右侧<br>·E42L 尾灯总成端子 8-<br>·E42R 尾灯总成端子 8-<br>如果大于或等于5 Ω，继续以下步骤。<br>①将点火开关置于"OFF"位置。<br>②测试搭铁电路端对端电阻是否小于2 Ω。<br>a. 如果大于或等于2 Ω，则修理电路中的断路/电阻过大故障。<br>b. 如果小于2 Ω，则修理搭铁连接中的断路/电阻过大故障。<br>c. 如果小于5 Ω，继续以下步骤。<br>（3）在下列相应控制电路端子和搭铁之间连接一个测试灯。<br>·E4LF 左前转向灯灯座端子<br>·E4RF 右前转向灯灯座端子<br>·E4Y 左侧转向信号复示灯灯座端子 |

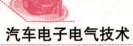
| 序号 | 步骤 | 内容 |
|---|---|---|
| 3 | 故障排除 | · E4Z 右侧转向信号复示灯灯座端子<br>· E42L 左尾灯总成端子 4<br>· E42R 右尾灯总成端子 4<br>（4）当用故障诊断仪指令相应"转向灯"点亮和熄灭时，确认测试灯点亮和熄灭。<br>如果测试灯始终熄灭，继续以下步骤。<br>①将点火开关置于"OFF"位置，断开下列 K9 车身控制模块的相应线束连接器。<br>· X4 右转向信号<br>· X5 左转向信号<br>②测试控制电路和搭铁之间的电阻是否为无穷大。<br>a. 如果电阻不为无穷大，则修理电路中对搭铁短路故障。<br>b. 如果电阻为无穷大，继续以下步骤。<br>③测试控制电路端对端的电阻是否小于 2 Ω。<br>a. 如果大于或等于 2 Ω，则修理电路中的断路/电阻过大故障。<br>b. 如果小于 2 Ω，则更换 K9 车身控制模块。<br>c. 如果测试灯始终点亮，继续以下步骤。<br>①将点火开关置于"OFF"位置，断开下列 K9 车身控制模块的相应线束连接器，再将点火开关置于"ON"位置。<br>· X4 右转向信号<br>· X5 左转向信号<br>②测试控制电路端子和搭铁之间的电压是否小于 1 V。<br>a. 如果大于或等于 1 V，则修理电路对电压短路故障。<br>b. 如果小于 1 V，则更换 K9 车身控制模块。<br>c. 如果测试灯点亮和熄灭，继续以下步骤。<br>（5）测试或更换相应的转向灯 |
| 4 | 更换灯泡 | 逆时针旋转灯泡将其拆下，并进行更换 |
| 5 | 复检 | 维修工作完成后，确认故障是否排除：□是　　□否 |
| 6 | 取下防护 | 取下防护套装（翼子板布、格栅布），关闭发动机舱盖，取下三件套，将工量具归位 |

 **任务评价**

请完成以下任务评价：

任务完成情况：

| 评价项目 | 完成情况 | |
| --- | --- | --- |
| 转向灯是否正常？ | □是 | □否 |
| 过程中所用工具是否归位？ | □是 | □否 |
| 工作过程中操作是否规范？ | □是 | □否 |
| 照明与信号系统检查是否完整？ | □是 | □否 |

自我评价：

根据任务完成情况，学生进行自我评估并提出改进意见：



教师评价：

根据任务完成情况，教师对学生进行评价并提出改进意见：



请根据任务完成情况打分（满分 100）

| 自我评价 | 组长评价 | 教师评价 | 总分 |
| --- | --- | --- | --- |
|  |  |  |  |

 **拓展提升**

### 别克威朗前侧转向灯灯泡更换

逆时针转动转向灯总成，将灯泡从前照灯总成上取下。

注意：检查并确保转向灯灯泡密封件正确定位并且未被损坏。

# 项目 5

# 点火系统检修

 **任务 1　火花塞的更换**

 **任务目标**

（1）了解汽车点火系统，掌握火花塞的基本知识；

（2）能够与客户交流，查阅点火系统相关的维修技术资料；

（3）能够根据点火系统故障现象制订维修计划，选取维修设备；

（4）能够进行火花塞的更换，熟悉操作流程；

（5）能够进行维修场地的维护，按照要求处理废旧火花塞；

（6）养成查阅资料的习惯，提升与客户的交流技巧，贯彻环保理念。

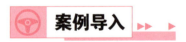 **案例导入**

　　一辆行驶数公里的汽车，车主王先生在驾驶汽车时，发现汽车提速过程中发动机加速无力，并时而出现抖动现象，于是到汽车维修企业进行检测。经检测，王先生的汽车发动机火花塞已超过正常使用里程数，在更换火花塞后故障消失。

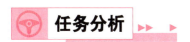
**任务分析** ▶▶ ▶

　　在汽车行驶的过程中，导致汽车加速无力、发动机抖动的故障原因有很多，如图5-1-1所示。

　　在案例中，王先生的汽车是由于没有定期更换火花塞导致的汽车加速无力、发动机抖动故障，在更换火花塞后故障消失。其中，火花塞是汽油发动机点火系统的重要元件，它可将点火线圈产生的高压电引入燃烧室内，并使其跳过电极间隙而产生火花，从而点燃气缸中的可燃混合气。但是，随着时间的推移和公里数的增加，火花塞的中心电极以及侧电极会有相应磨损，从而导致中心电极和侧电极之间的间隙逐渐变大。当中心电极和侧电极之间的间隙变大后，会导致火花塞跳火时的火花能量减小，从而无法正常点燃混合气。因此当火花塞使用一定公里数时要对其进行更换。火花塞电极间隙如图5-1-2所示。

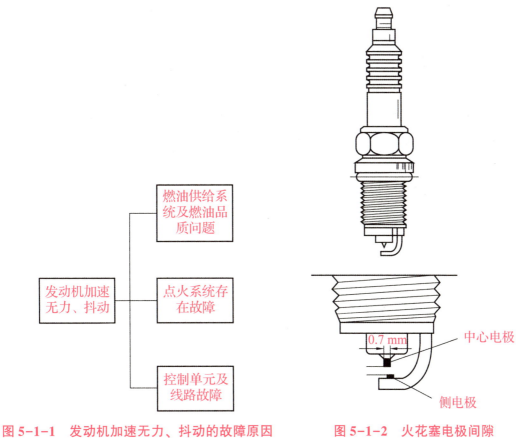

图 5-1-1　发动机加速无力、抖动的故障原因　　　图 5-1-2　火花塞电极间隙

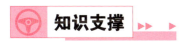
**知识支撑** ▶▶ ▶

## 一、火花塞的位置及作用

　　火花塞是汽车发动机中的关键部件，主要安装在发动机缸体的气缸盖中，如图5-1-3

所示。

图 5-1-3　火花塞安装位置

　　火花塞的作用是在发动机燃烧室内产生火花来点燃可燃混合气，使发动机能够正常运转。当汽车发动机的活塞向上运动时，将进气行程中吸入气缸内的可燃混合气压缩到气缸的顶部，发动机控制单元控制点火线圈产生高压电，火花塞将点火线圈产生的高压电引入发动机气缸内，在火花塞的中心电极与侧电极之间产生高压电火花，从而引燃可燃混合气，形成爆炸并推动活塞向下运动。燃烧后的产物通过排气管排出。火花塞不仅起到闪烁起火的作用，还能保持气缸内压力，确保发动机能够正常运转。通常情况下，为了保障发动机的正常工作，需要定期检查并更换火花塞，以确保发动机的点火系统正常运转，延长发动机寿命。

## 二、火花塞的结构

火花塞结构如图 5-1-4 所示。

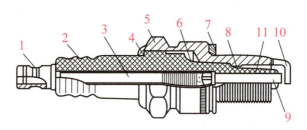

1—接触头；2—绝缘体；3—金属杆；4—内垫圈；5—壳体；
6—导体玻璃；7—密封垫圈；8—内垫圈；9—中心电极；10—侧电极；11—绝缘体裙部。

图 5-1-4　火花塞结构

## 三、对火花塞的要求

　　为保证火花塞在装入气缸盖后气缸的密封性，钢壳螺纹的上端还有铜包石棉的密封垫圈。由于火花塞的工作环境极为恶劣，不仅受到气缸内高温、高压气体的作用，还受到燃烧

产物强烈的腐蚀作用，因此对火花塞提出了较高的要求：

（1）火花塞应具有良好的抗高电压冲击能力，其绝缘体应在 30 kV 高压的作用下保证良好的绝缘性能；

（2）发动机气缸内燃烧气体的温度（1 500～2 000 ℃）与刚进入气缸的新鲜混合气的温度（50～60 ℃）相差很大，火花塞要具有承受这种温度剧烈变化的作用，并保持一定的温度，不得产生局部过热或过冷；

（3）火花塞要具有承受混合气燃烧所产生的巨大冲击力（5.88～6.86 MPa）的能力，因此，火花塞要有足够的机械强度；

（4）火花塞在工作中要受到燃烧产物中多种活性气体的腐蚀，因此要求火花塞的电极应采用难熔、耐蚀的材料制成。

 **实践训练**

更换火花塞

## 一、实施计划

根据案例中的故障现象及检测结果，需对火花塞进行更换。因此，制定火花塞更换流程，如图 5-1-5 所示。

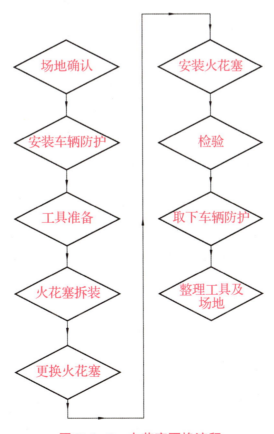

图 5-1-5　火花塞更换流程

**1. 组织方式**

（1）场地设施：举升机。

（2）设备设施：待维修汽车、工具车。

（3）工具、量具：工具套装、扭矩扳手、吹气枪、车内、外防护用具。

（4）耗材：备用火花塞。

**2. 操作要求**

（1）穿着干净整齐的工作服。

（2）遵守场地安全规定，注意用电安全。

（3）正确使用工具、量具。

## 二、工量具的选用

在火花塞更换的过程中需要用到的工具和量具有棘轮扳手、棘轮扳手延长杆、扭矩扳手、火花塞拆装专用套筒、套头、吸力棒、吹气枪。

## 三、实施步骤

| 序号 | 步骤 | 内容 |
| --- | --- | --- |
| 1 | 场地确认 | 将车辆放置指定位置，确保人员及车辆安全 |
| 2 | 安装车辆防护 | 车内防护：座椅套、方向盘套、脚垫、挡把套。<br>车外防护：翼子板布、格栅布、车轮挡块 |
| 3 | 工具准备 | 拆装工具：棘轮扳手、棘轮扳手延长杆、扭矩扳手、火花塞拆装专用套筒、套头、吹气枪 |
| 4 | 火花塞拆装 | （1）确认点火线圈安装位置。<br>（2）使用吹气枪去除发动机点火线圈周围异物。<br>（3）拆下发动机点火线圈电器插头。<br>（4）使用棘轮扳手、棘轮扳手延长杆、套头等工具拆下用于固定点火线圈的紧固螺栓，并将点火线圈从火花塞安装孔中取下。<br>（5）使用吹气枪去除火花塞安装孔中异物，防止拆下火花塞后，异物进入气缸内。<br>（6）使用棘轮扳手、棘轮扳手延长杆、火花塞拆装专用套筒逆时针松开火花塞。<br>（7）使用吸力棒将火花塞从安装孔中取出。<br>（8）观察火花塞外观，检查火花塞使用情况 |
| 5 | 更换火花塞 | 将拆下的火花塞与新火花塞做对比，确保火花塞型号一致 |

续表

| 序号 | 步骤 | 内容 |
|---|---|---|
| 6 | 安装火花塞 | （1）使用吸力棒将新火花塞放进安装孔内（切记：禁止徒手将火花塞丢进安装孔内）。<br>（2）使用延长杆、火花塞拆装专用套筒顺时针徒手旋紧火花塞，然后使用扭矩扳手将火花塞紧固至合适扭矩。<br>（3）在点火线圈的火花塞安装孔内，涂抹适当的高压绝缘润滑脂。<br>（4）安装点火线圈至合适位置。<br>（5）使用扭矩扳手、延长杆等工具紧固点火线圈螺栓至合适扭矩。<br>（6）安装点火线圈电器插头 |
| 7 | 检验 | 车外检查：检查点火线圈安装情况及螺栓紧固情况。<br>车内检查：起动发动机并连接诊断仪，读取发动机控制单元内部有无故障代码，读取火花塞点火数据流，查看火花塞工作情况 |
| 8 | 取下车辆防护 | （1）安装发动机装饰板。<br>（2）取下车外防护：翼子板布、格栅布、车轮挡块。<br>（3）取下车内防护：座椅套、方向盘套、脚垫、挡把套 |
| 9 | 整理工具及场地 | （1）擦拭工具并放回原位。<br>（2）打扫场地卫生 |

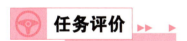 任务评价

请完成以下任务评价：

任务完成情况：

| 评价项目 | 完成情况 | |
|---|---|---|
| 更换火花塞后发动机工作正常？ | □是 | □否 |
| 车辆是否能正常行驶？ | □是 | □否 |
| 工作过程中操作是否规范？ | □是 | □否 |
| 过程中所用工具是否归位？ | □是 | □否 |

自我评价：

根据任务完成情况，学生进行自我评估并提出改进意见：

教师评价：

续表

| 根据任务完成情况，教师对学生进行评价并提出改进意见： | | | |
|---|---|---|---|
| 请根据任务完成情况打分（满分100） | | | |
| 自我评价 | 组长评价 | 教师评价 | 总分 |
| | | | |

 拓展提升

### 火花塞的使用寿命

1. 火花塞的种类与使用寿命

市面上比较普遍的火花塞分为铱金火花塞、铂金火花塞和电阻火花塞。一般使用情况下，电阻火花塞的寿命为 2 万 km，铂金火花塞的寿命为 4 万 km，双铂金火花塞的寿命约为 6 万 km，铱金火花塞的寿命最长，可以达到 6 万至 8 万 km，火花塞工作环境好的话，甚至可以达到 10 万 km。

2. 火花塞的材质与使用寿命

根据火花塞材质区别，火花塞的类型可以分为铱金火花塞、铂铱合金火花塞、普通铜芯火花塞、钇金火花塞和铂金火花塞。材质的优劣程度不同，对应的更换里程也不尽相同，一般铜芯火花塞的使用寿命为 3 万 km，贵金属材质火花塞的使用寿命为 6 万到 9 万 km。

 ## 任务 2　点火线圈的拆装

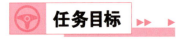 任务目标

（1）了解汽车点火系统，掌握点火线圈的基本知识；

（2）能够进行点火线圈的更换，熟悉操作流程；

（3）能够进行维修场地的维护，按照要求处理废旧点火线圈；

（4）养成查阅资料的习惯，提升与客户的交流技巧，贯彻环保理念。

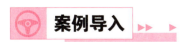

　　一辆已行驶十万多公里的别克威朗轿车，车主李先生在驾驶过程中发现发动机始终无法平稳运行，且出现剧烈抖动现象，汽车仪表板上发动机故障灯点亮。李先生在对发动机进行重启后，故障现象依旧，于是到汽车维修企业进行维修。经检测，李先生的汽车发动机2缸点火线圈存在故障，在对其进行维修更换后，发动机故障消失。

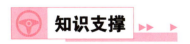

　　为了提高发动机的功率和满足环保要求，现代汽车普遍采用电子控制系统对发动机不同工况下的点火、喷油、废气排放等系统进行严格控制。根据案例，李先生的汽车在行驶过程中，发动机无法平稳运行且有剧烈抖动现象。根据现象分析，此现象是由于发动机"缺缸"导致的功率失衡。导致发动机"缺缸"的原因有多种，如图5-2-1所示。

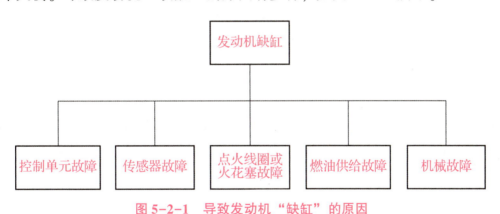

图5-2-1　导致发动机"缺缸"的原因

　　根据案例得知，在更换完点火线圈后发动机故障消失，因此故障出现在发动机点火系统部分。如果确定是点火线圈故障，则需要对点火线圈进行更换。

## 知识支撑

### 一、电子点火系统的组成

　　电子点火系统也称为微机控制点火系统，通过此系统可以实现发动机的点火提前角控制，从而提高发动机的动力性，降低有害气体的排放量与燃油消耗量。

　　电子点火系统主要由节气门位置传感器、曲轴位置传感器、凸轮轴位置传感器、冷却液温度传感器、进气温度传感器、车速传感器、爆燃传感器、氧传感器、发动机控制单元、点火控制器、点火线圈，以及各种控制开关组成，如图 5-2-2 所示。

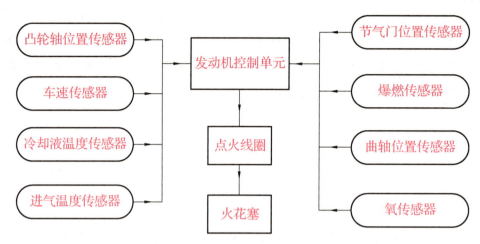

图 5-2-2　电子点火系统组成

### 1. 信号输入装置

信号输入装置包括各种传感器和开关。其中传感器用来检测与发动机点火有关的工况信息，并将检测到的结果输入发动机控制单元，作为计算和控制点火时刻的依据。不同系统采用的传感器类型、数量、结构及其安装位置不同，但其作用大致相同。

### 2. 发动机控制单元

发动机控制单元的只读储存器中，储存有监控和自检等程序，以及发动机在各种工况下的最佳点火前角数据。发动机控制单元不断接收各种传感器和开关发送的信号，并按预先编制的程序进行计算和判断后，向点火线圈发出控制信号，实现点火提前角和点火时刻的最佳控制。

### 3. 执行器

电子点火系统的执行器为点火线圈，点火线圈又叫变压器，其作用是将蓄电池的 12 V 低压电变为 12~20 kV 的高压电。火花塞将点火线圈产生的高压电引入燃烧室产生电火花，点燃混合气。

## 二、点火线圈

### 1. 传统点火线圈

点火线圈使用电磁互感原理制成，其主要由硅钢片叠成的铁心及铁心上的初级线圈和次级线圈、壳体及其外的负压电阻等组成。其结构如图 5-2-3 所示。

点火线圈的初级线圈导线线径较粗，直径为 0.5~1.0 mm，圈数较少，为 230~370 匝漆包线。次级线圈的导线较细，直径为 0.06~0.10 mm，圈数较多，为 11 000~26 000 匝漆包线。初级线圈的一个头与次级线圈的一个头共连接。为利于散热，一般将初级线圈绕制在次级线圈的外部。初级线圈与外壳之间夹有数层导磁硅钢片，和铁心一起组成磁路。传统点火线圈磁路如图 5-2-4 所示。

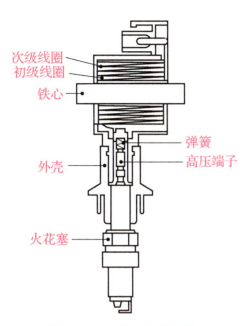

图 5-2-3　点火线圈结构

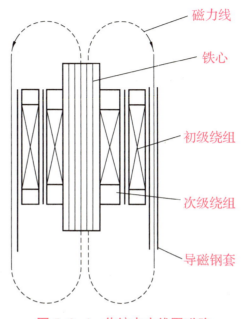

图 5-2-4　传统点火线圈磁路

从图 5-2-4 中可见，磁路的上、下部分是从空气中通过的，因此漏磁较多，这种点火线圈称为开磁路点火线圈。

**2. 闭磁路点火线圈**

闭磁路点火线圈早在 1973 年就在国外投入试用，它与开磁路点火线圈不同，其结构如图 5-2-5 所示。

在"日"字形铁心内绕有初级线圈，在初级线圈外面绕有次级线圈。其磁路如图 5-2-6 所示，根据图片得知，磁力线由铁心构成闭合磁路，因而漏磁较少，能量损失小，能量转换效率约为 75%，而开磁路的变换效率只有 60%。

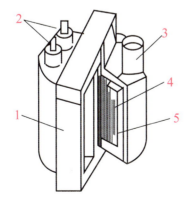

1—"日"字形铁心；2—初级绕组接线柱；
3—高压接线柱；4—初级绕组；5—次级绕组。

图 5-2-5　闭磁路点火线圈结构

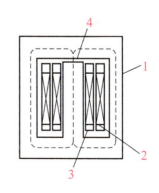

1—"日"字形铁心；2—次级绕组；
3—初级绕组；4—空气隙。

图 5-2-6　闭磁路点火线圈磁路

135

### 三、对点火系统的要求

发动机电子点火系统是发动机电控系统中非常重要的一个部分，它控制着发动机的点火时机，从而影响着功率输出和燃油经济性。因此，发动机电子点火系统应在发动机各种不同工况和使用条件下，均能保证可靠而准确地点燃混合气。为此，发动机电子点火系统必须满足以下要求：

（1）能产生足以击穿火花塞电极间隙的高电压；

（2）电火花应具有足够的能量；

（3）点火时间应与发动机的工作情况相适宜。

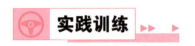

更换点火线圈

### 一、实施计划

根据案例中的故障现象，需要制定故障诊断流程，以确定故障所在。故障诊断流程如图 5-2-7 所示。

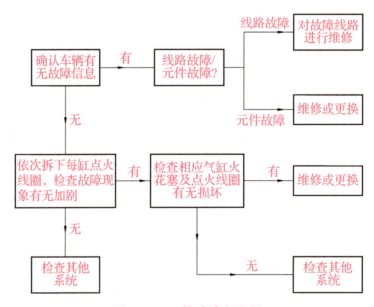

图 5-2-7　故障诊断流程

**1. 组织方式**

（1）场地设施：带举升设备的空旷场地。

（2）设备设施：待诊断的汽车、工具车、故障诊断仪。

（3）工具：带有棘轮扳手的工具套装、扭矩扳手、吹气枪，车内、外防护用具。

（4）耗材：备用点火线圈。

**2. 操作要求**

（1）穿着整齐的工作服。

（2）遵守场地安全规定，注意场地用电安全。

（3）正确使用工具、量具。

## 二、工量具的选用

在更换点火线圈的过程中需要用到的工具和量具有棘轮扳手、棘轮扳手延长杆、扭矩扳手、10 mm套头、吹气枪。

## 三、实施步骤

| 序号 | 步骤 | 内容 |
|------|------|------|
| 1 | 场地确认 | 将车辆放置指定位置，确保人员及车辆安全 |
| 2 | 安装车辆防护 | 车内防护：座椅套、方向盘套、挡把套、脚垫。<br>车外防护：格栅布、翼子板布、车轮挡块 |
| 3 | 对车辆进行诊断 | 根据诊断流程对车辆进行诊断，确认故障所在，并对故障点进行维修 |
| 4 | 工具准备 | 拆装工具：棘轮扳手、棘轮扳手延长杆、扭矩扳手、吹气枪 |
| 5 | 拆卸点火线圈 | （1）移除发动机盖板。<br>（2）断开蓄电池负极电缆。<br>（3）断开点火线圈电气连接器连接。<br>（4）移除点火线圈紧固件。<br>（5）移除点火线圈 |
| 6 | 更换点火线圈 | 将拆下的点火线圈与新点火线圈做对比，确保点火线圈型号一致 |
| 7 | 安装点火线圈 | （1）安装点火线圈。<br>（2）安装点火线圈紧固件并紧固10 N·m（89英寸·磅力）。<br>（3）连接点火线圈电气连接器。<br>（4）连接蓄电池负极电缆。<br>（5）安装发动机盖板 |
| 8 | 检验 | 车外检查：检查点火线圈安装情况及螺栓紧固情况。<br>车内检查：起动发动机并连接诊断仪，读取发动机控制单元内部有无故障代码，读取点火数据流，查看点火线圈工作情况 |
| 9 | 取下车辆防护 | （1）安装发动机装饰板。<br>（2）取下车外防护：翼子板布、格栅布、车轮挡块。<br>（3）取下车内防护：座椅套、方向盘套、挡把套、脚垫 |

续表

| 序号 | 步骤 | 内容 |
|------|--------|------|
| 10 | 整理工具及场地 | （1）擦拭工具并放回原位。<br>（2）打扫场地卫生 |

 **任务评价**

请完成以下任务评价：

任务完成情况：

| 评价项目 | 完成情况 | |
|----------|----------|----------|
| 更换点火线圈后发动机是否工作正常？ | □是 | □否 |
| 车辆是否能正常行驶？ | □是 | □否 |
| 工作过程中操作是否规范？ | □是 | □否 |
| 过程中所用工具是否归位？ | □是 | □否 |

自我评价：

根据任务完成情况，学生进行自我评估并提出改进意见：

教师评价：

根据任务完成情况，教师对学生进行评价并提出改进意见：

请根据任务完成情况打分（满分100）

| 自我评价 | 组长评价 | 教师评价 | 总分 |
|----------|----------|----------|------|
| | | | |

**拓展提升**

## 点火线圈小知识

**1. 点火线圈寿命**

点火线圈有着较长的使用寿命，但由于其特殊的材质和恶劣的工作环境，一般情况下使用得当、及时维护，在使用数万公里的情况下不会损坏。当点火线圈出现漏电故障时，应当及时更换。

2. 点火线圈漏电

点火线圈漏电指的是绝缘层损坏后产生的高压电无法有效传导至火花塞的现象。具体表现如下。

发动机抖动：由于可燃混合气体的正常燃烧受到影响，发动机在工作的过程中会出现有频率的间歇性抖动。

油耗增加、动力下降：除发动机抖动之外，点火线圈漏电还会造成车辆出现油耗增加、动力下降等现象。

积碳大量产生：当火花塞跳火能力减弱时，还会造成可燃混合气体的不完全燃烧，而不完全燃烧的可燃混合气体便会产生积碳，汽车尾气还会冒黑烟。

# 项目6

# 仪表检修

 **任务1　仪表的认知**

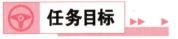 **任务目标**

(1) 了解汽车仪表与报警系统，掌握仪表与报警系统的基本知识；

(2) 能根据组合仪表中仪表的指示判断汽车工作状况；

(3) 能根据组合仪表中各种报警信号进行故障判断；

(4) 能进行组合仪表的设定、调整；

(5) 能进行维修场地的维护，注重场地环保。

汽车仪表认知

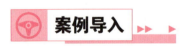 **案例导入**

　　刚刚毕业于某校汽车维修专业的小王，在给某客户的汽车更换完蓄电池后，仪表板上的时间出现了偏差，汽车电动车窗升降器自动上升和下降功能缺失，在反复操作无果后只好求助班组内其他成员小李，在小李的耐心讲解下小王也掌握了此项技能。

汽车的蓄电池是汽车电源系统组成之一，主要在汽车未起动时向汽车电器设备提供电能，以确保汽车各控制单元内部数据的储存。因此，拆卸蓄电池前一定要了解该车型是否需要做相应处理，然后才能拆卸蓄电池对汽车进行断电操作，以防对防盗系统、收音机系统、电动车窗升降系统、仪表时间等造成影响。

在案例中，汽车维修工小王由于刚刚参加工作，缺乏此方面经验，在未了解断开蓄电池对汽车的影响后，就对汽车进行断电操作，造成了仪表时间不准、电动车窗升降器自动上升和下降功能缺失等问题。因此，需要对仪表的时间进行校准、对电动车窗升降器进行复位操作。

汽车仪表是指安装在汽车驾驶室中的各种显示器和指示器，用于显示车辆的运行状态、速度、油量、水温、日行里程、行驶里程、发动机转速、车灯亮灭等信息。仪表可以帮助驾驶员了解车辆状态，从而更好地操控车辆，保障行车安全。

## 一、仪表的分类

仪表可根据安装形式、工作原理进行分类。

### 1. 按照安装形式分类

根据安装形式不同，汽车仪表可分为组合式仪表和分装式仪表。

（1）组合式仪表：各仪表组合安装在一起。

（2）分装式仪表：各仪表单独安装。

### 2. 按照工作原理划分

根据工作原理不同，汽车仪表可分为机械式仪表、电气式仪表、模拟电路电子式仪表及数字式仪表。

1）机械式仪表

机械式仪表是基于机械作用力而工作的仪表。机械式仪表除了机械转鼓计数式里程表和磁感应式车速表外，其他传统仪表都是利用电流的热效应或磁场和电流（或磁场）之间的作用，通过罗盘指示表的机械指针和刻度盘将电流、电压、发动机转速及传感器输出的模拟信号直接显示出来。

2）电气式仪表

电气式仪表是基于电测原理，通过各类传感器将被测的非电量转换成电信号（模拟量）

加以测量的仪表。

3）模拟电路电子式仪表

此类型仪表与电气式仪表原理基本相同，不同之处是用电子器件（分立元件和集成电路）取代原来的电气器件，现在均采用各种专用集成电路。

4）数字式仪表

数字式仪表是未来仪表的发展趋势，是由 ECU 采集传感器的信号，将模拟量转换为数字量，经分析处理后控制显示装置的仪表。

## 二、仪表的要求

汽车仪表的要求主要有以下几方面：

（1）结构简单、耐振动、工作可靠；

（2）在电源电压允许的变化范围内，仪表显示值要准确；

（3）不随环境温度的变化而变化；

（4）易于辨认，精确度高。

## 三、仪表的结构

汽车仪表总成一般由面罩、表框、表芯、表座、底板、印制线路板、插接器、报警灯及指示灯等部件组成，有些仪表还带有仪表稳压器及报警蜂鸣器。

汽车仪表一般包括发动机转速表、车速里程表、机油压力表、燃油液位表、冷却液温度表及综合信息显示系统等。

### 1. 发动机转速表

发动机转速表主要用来指示发动机的曲轴转速。按其结构不同可分为机械式和电子式，其中电子式转速表应用较为广泛。电子式转速表按转速信号的获取方式不同又可分为：

（1）从点火系统获取信号的转速表；

（2）测取飞轮转速的转速表；

（3）从柴油机燃油供应系统获取转速信号的转速表。

### 2. 车速里程表

车速里程表是用来指示汽车行驶速度和累计行驶总里程的仪表，由车速表和里程表两部分组成。

### 3. 机油压力表

机油压力表简称油压表或机油表，其作用是指示发动机主油道机油压力。它由装在发动机主油道上的油压传感器配合工作。

**4. 燃油液位表**

燃油液位表简称燃油表，用来指示汽车油箱中的存油量。它与装在油箱内的燃油传感器配套工作，传感器一般为可变电阻式。

**5. 冷却液温度表**

冷却液温度表又称水温表，其作用是指示发动机冷却水的温度。正常情况下，水温表指示值应为 85~95 ℃。水温表与装在发动机水套上的水温传感器（水温感应塞）配合工作。常用的水温表有电热式和电磁式两类，电磁式水温表又分为双线圈式和三线圈式两种。

**6. 综合信息显示系统**

目前，汽车仪表技术发展飞快，传统的机电式模拟仪表已经落伍。在电子仪表基础上开发出来的，基于网络技术的综合信息显示系统已经在奔驰、宝马、奥迪等汽车上得到应用，这代表着汽车仪表技术的发展方向。综合信息显示系统把各种仪表、报警装置以及舒适性控制器组合到一起。这种信息显示系统可以是简单的组合，如单纯计算燃油经济性、剩余燃油能行驶的距离和剩余油量，也可以是对各种信息进行分析计算、加工处理，具有更多功能的一体式信息显示系统。

## 四、仪表的符号及含义

如图 6-1-1 所示，以大众速腾仪表系统为例介绍仪表的符号及含义，如表 6-1-1 所示。

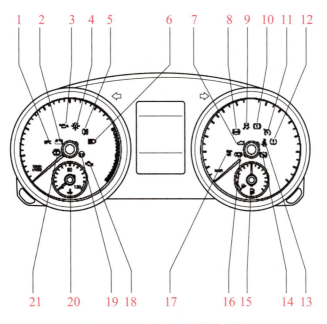

图 6-1-1　大众速腾仪表系统

表6-1-1　仪表的符号及含义

| 编号 | 名称 |
|------|------|
| 1 | 电子油门故障报警灯 -K132- |
| 2 | 发电机指示灯 -K2- |
| 3 | 机油压力指示灯 -K3- |
| 4 | 灯泡故障指示灯 -K170- |
| 5 | 后雾灯指示灯 -K13- |
| 6 | 远光灯指示灯 -K1- |
| 7 | 后备厢盖打开指示灯-K127- |
| 8 | 指示灯 -K47- |
| 9 | ESP 和 ASR 指示灯-K155- |
| 10 | 制动系统指示灯-K118- |
| 11 | GRA 指示灯-K31- |
| 12 | 轮胎监控指示灯-K220- |
| 13 | 安全带报警装置指示灯-K19- |
| 14 | 制动请求指示灯-K273- |
| 15 | 燃油存量指示灯 -K16- |
| 16 | 车门打开指示灯 |
| 17 | 安全气囊指示灯 -K75- |
| 18 | 废气警告灯 -K83- |
| 19 | 电动助力转向系统指示灯 -K161- |
| 20 | 冷却液不足显示指示灯 -K3- |
| 21 | 车窗玻璃清洗液液位指示灯 -K37- |

## 五、数字式仪表

随着电子技术的发展，汽车在环保性、安全性、经济性、智能化等方面的要求不断提高，驾驶员需要更多、更快地了解汽车运行的各种信息，常规指针式仪表已远远不能满足现代汽车技术发展的要求，因此，汽车数字式仪表的使用比例正在逐年上升。

### 1. 数字式仪表的原理

数字式仪表显示的数据来自各传感器。数字式仪表与各个 ECU 和仪表测量系统连接。ECU 和仪表测量系统通过多路传输将各个传感器信号传送到数字式仪表，仪表将其显示出来。根据仪表显示方式不同，有分时循环显示和不同区域同时显示两种方式。

### 2. 常用电子显示器件

显示器件是数字式仪表中重要的元器件之一，目前在汽车上使用的显示器件主要有发光二极管显示器、真空荧光管显示器及液晶显示器等。

1）发光二极管显示器

发光二极管是应用最广泛的低压显示器件，其实质是晶体二极管。正、负极加上合适正向电压后，其内半导体晶片发光，通过颜色透明的塑料外壳显示出来。发光的颜色有红、绿、黄、橙等，可单独使用，也可组成数字、字母、发光条图。

2）真空荧光管显示器

真空荧光管由灯丝、栅格、阳极和玻璃罩构成。其中灯丝为阴极，与电源负极相接；阳极为涂有磷光物质的屏幕，与电源正极相接，采用的是 20 字符段图形（也有的采用 7 或 14 字符段图形），每个字符段由电子开关单独控制通电状态；在灯丝与阳极之间有栅格，整个装置密封在被抽真空的玻璃罩内。

当灯丝通电时，灯丝因发热而释放电子，电子被电位较高的栅格吸引，并穿过栅格，均匀地打在电位最高的屏幕字符段上。由电子开关控制通电的字符段受电子轰击后发亮，而未通电的字符段不亮。这样通过控制字符段通电状态，就可形成不同的显示数字。

3）液晶显示器

液晶是一种有机化合物，在一定温度范围和条件下，既具有普通液体的流动性，又具有晶体的某些光学特性。液晶显示器由两块厚约 1 mm 的玻璃基板组成，基板上涂有透明的导电材料作为电极，一面电极为图形。两基板间注入 10 μm 厚的液晶，再在两玻璃基板的外表面分别贴有偏光板，四周密封。

当电极加以一定电压时，位于通电电极范围内的液晶分子重新排列，就形成了在发亮背景下的字符或图形。由于液晶显示器为非发光型显示器件，所以夜间显示必须采用照明光源，汽车上通常用白炽灯作为背景光源。液晶显示器具有工作电压低（3 V 左右）、显示面积大、耗能少、显示清晰、通过滤光镜可显示不同颜色、在阳光直射下不受影响、电极图形设计自由度极高、设计成任何显示图形的工艺都很简单等优点，故被广泛应用在中高档轿车上。

## 六、仪表报警装置认知

为了警示汽车、发动机或某一系统处于不良或特殊状态，保证汽车可靠工作和安全行驶，引起汽车驾驶员的注意，防止事故发生，汽车上安装了多种报警装置，主要包括报警灯和监视器两类。这里主要讲述报警灯。

报警灯由报警开关控制，当被监测的系统或总成工作不正常时，开关自动接通而使报警灯发亮，以提醒驾驶员注意，如前照灯故障报警灯、尾灯故障报警灯、水温报警灯、机油压力

报警灯、燃油不足报警灯、气压不足报警灯、制动灯线路短路报警灯、液面过低报警灯等。

报警灯通常安装在仪表板上，功率为 1~4 W，在灯泡前设有滤光片，使报警灯发出黄光或红光，滤光片上通常制有标准图形符号。有些汽车报警灯采用发光二极管显示，标准图形符号标在发光二极管旁边。

常见的汽车报警灯、指示灯的图形符号和含义如表 6-1-2 所示。

表 6-1-2　常见的汽车报警灯、指示灯的图形符号和含义

| 名称 | 图形符号 | 含义 |
|---|---|---|
| ABS 警告灯 | (ABS) | 该指示灯用来显示 ABS 工作状况。将点火钥匙打在"ON"位置，车辆自检时，ABS 灯会点亮数秒，随后熄灭。如果未闪亮或者起动后仍不熄灭，表明 ABS 出现故障 |
| O/D 挡指示灯 | O/D OFF | 该指示灯用来显示自动挡的 O/D 挡（Over-Drive，超速挡）的工作状态。当 O/D 挡指示灯闪亮时，说明 O/D 挡已锁止。此时，加速能力获得提升，但会增加油耗 |
| 安全带指示灯 | | 该指示灯用来显示安全带是否处于锁止状态。当该灯点亮时，说明安全带没有及时的扣紧。有些车型会有相应的提示音。当安全带被及时扣紧后，该指示灯自动熄灭 |
| 充电指示灯 | | 该指示灯用来显示电瓶使用状态。将点火钥匙打在"ON"位置，车辆开始自检时，该指示灯点亮。起动后自动熄灭。如果起动后该指示灯常亮，说明电瓶出现了使用问题，需要更换 |
| 机油压力指示灯 | | 该指示灯用来显示发动机内机油的压力状况。将点火钥匙打在"ON"位置，车辆开始自检时，指示灯点亮，发动机起动后熄灭。该指示灯常亮，说明该车发动机机油压力低于规定标准，需要维修 |
| 燃油量指示灯 | | 该指示灯用来显示车辆内储油量的多少。将点火钥匙打在"ON"位置，车辆进行自检时，该指示灯会短时间点亮，随后熄灭。如起动后该指示灯点亮，则说明车内油量已不足 |
| 车门未关指示灯 | | 该指示灯用来显示车辆各车门状况，任意车门未关上，或者未关好，该指示灯都点亮相应的车门指示灯，提示车主车门未关好。当车门关闭或关好时，相应车门指示灯熄灭 |
| 气囊系统指示灯 | | 该指示灯用来显示安全气囊的工作状态。将点火钥匙打在"ON"位置，车辆开始自检时，该指示灯自动点亮数秒后熄灭，如果常亮，则安全气囊出现故障 |

续表

| 名称 | 图形符号 | 含义 |
|------|---------|------|
| 制动器磨损报警灯 | | 该指示灯用来显示车辆刹车盘磨损的状况。一般该指示灯为熄灭状态，当刹车盘出现故障或磨损过度时，该灯点亮，修复后熄灭 |
| 驻车制动器指示灯 | | 该指示灯用来显示车辆手刹的状态，平时为熄灭状态。当手刹被拉起后，该指示灯自动点亮。当手刹被放下时，该指示灯自动熄灭。有的车型在行驶中未放下手刹会伴随有警告音 |
| 冷却液温度指示灯 | | 该指示灯用来显示发动机内冷却液的温度。将点火钥匙打在"ON"位置，车辆自检时，会点亮数秒，后熄灭。指示灯常亮，说明冷却液温度超过规定值，需立刻暂停行驶。温度正常后熄灭 |
| 发动机故障指示灯 | | 该指示灯用来显示车辆发动机的工作状况。将点火钥匙打在"ON"位置，车辆自检时，该指示灯点亮后自动熄灭。如常亮，则说明车辆的发动机出现了机械故障，需要维修 |
| 转向指示灯 | | 该指示灯用来显示车辆转向灯所在的位置，通常为熄灭状态。当车主点亮转向灯时，该指示灯会同时点亮相应方向的转向指示灯，转向灯熄灭后，该指示灯自动熄灭 |
| 远光指示灯 | | 该指示灯用来显示车辆远光灯的状态。通常为熄灭状态。当车主点亮远光灯时，该指示灯会同时点亮，以提示车主，车辆的远光灯处于开启状态 |
| 清洗液指示灯 | | 该指示灯用来显示车辆所装玻璃清洁液的多少，平时为熄灭状态。该指示灯点亮时，说明车辆所装载玻璃清洁液已不足，需添加玻璃清洁液。添加玻璃清洁液后，指示灯熄灭 |
| 雾灯指示灯 | | 该指示灯用来显示前后雾灯的工作状况，当前后雾灯点亮时，该指示灯会点亮。关闭雾灯后，相应的指示灯熄灭 |
| 示宽指示灯 | | 该指示灯用来显示车辆示宽灯的工作状态。平时为熄灭状态，当示宽灯打开时，该指示灯随即点亮。当示宽灯关闭或者关闭示宽灯打开前照灯时，该指示灯自动熄灭 |
| 空调内循环指示灯 | | 该指示灯用来显示车辆空调系统的工作状态，平时为熄灭状态。当点亮内循环按钮，车辆关闭外循环，空调系统进入内循环状态时，该指示灯自动点亮。内循环关闭时熄灭 |

续表

| 名称 | 图形符号 | 含义 |
|---|---|---|
| VSC 指示灯 | | 该指示灯用来显示车辆电子车身稳定系统（Vehicle Stability Control，VSC）的工作状态，多出现在日系车上。当该指示灯点亮时，说明 VSC 系统已被关闭 |
| TCS 指示灯 | | 该指示灯用来显示车辆牵引力控制系统（Traction Control System，TCS）的工作状态，多出现在日系车上。当该指示灯点亮时，说明 TCS 已被关闭 |

## 实践训练 ▶▶ ▶

### 一、实施计划

针对案例中出现的现象，可通过其他方式避免此类情况发生，如：断电前了解此车型维修手册中的断电注意事项；并联所适配电压的电源至此车电源系统中，再进行蓄电池的拆卸；在汽车断电后对电动车窗升降系统和仪表时间等控制单元进行复位操作。

在案例中，维修工小王已经对汽车进行了断电操作，因此需要对电动车窗升降系统和仪表时间进行复位操作（以大众速腾汽车为例）。

### 二、工量具的选用

需要用到的工具和量具有保养手册、诊断仪、车内五件套。

### 三、实施步骤

| 序号 | 步骤 | 内容 |
|---|---|---|
| 1 | 安装车辆防护 | 打开车门，安装五件套，分别为_____、_____、_____、_____、_____ |
| 2 | 故障确认 | 打开点火开关，仪表板是否亮起：□是　　□否<br>仪表时间是否准确：□是　　□否<br>各车门电动车窗升降器自动上升和下降功能是否正常（如带有）：<br>□是　　□否 |

续表

| 序号 | 步骤 | 内容 |
|------|------|------|
| 3 | 故障排除 | **1. 查阅保养手册**<br>打开保养手册并查阅"电动车窗升降器：检查定位情况"和"时间与日期：设置"相关内容，了解电动车窗升降器自动上升、下降功能的复位和仪表时间的校准。<br>**2. 电动车窗升降器自动上升、下降功能的复位**<br>在断开并连接蓄电池后，电动车窗升降器的自动上升和自动下降功能失灵。因此，必须重新对车窗升降器进行定位。车窗升降器定位操作步骤如下：<br>（1）打开点火开关；<br>（2）关闭所有车窗和车门；<br>（3）通过拉住左前车窗玻璃升降器按钮（超过1 s），使左前车窗玻璃保持在"关闭"位置；<br>（4）执行完上步后，通过按下左前车窗玻璃升降器按钮开关，使左前车窗玻璃自动下降，并在拉出按钮时重新自动升高；<br>（5）关闭点火开关。<br>通过以上方法对带有自动升窗功能的车窗玻璃升降器进行复位，复位时可同时操作多个车窗。<br>**3. 仪表时间的校准**<br>当组合仪表显示屏上显示时间且未被其他显示覆盖时，即可设置时间。<br>（1）通过组合仪表中的按钮设置时间，如图6-1-2所示。<br>按下按钮1，选定组合仪表显示屏上的小时显示。每短按一次按钮2，小时数加1。按住按钮2，小时数可快速转换。<br>再次按下按钮1，选定分钟显示。每短按一次按钮2，分钟数就会跳转一次。按住按钮2，分钟数可快速转换。再次按下按钮1，即可关闭时间设置。<br><br>按钮1　　　　按钮2<br>图6-1-2　通过组合仪表中的按钮设置时间<br><br>（2）通过前挡风玻璃刮水器操纵杆按钮设置时间，如图6-1-3所示。<br>打开点火开关，按住按钮2并保持2 s，进入主菜单，通过按钮2选择"设置"菜单，通过按钮1确认。 |

续表

| 序号 | 步骤 | 内容 |
|------|------|------|
| 3 | 故障排除 | 通过按钮2调出"时间"菜单，并通过按钮1确认。<br><br>按下按钮1选择菜单项"小时"，然后通过按钮2设置正确的小时数，并用按钮1确认。<br><br>菜单项"分钟"的操作方法相同。通过菜单项"返回"可以退出"设置"菜单。选择"MFA"作为当前的显示，并通过按钮1确认。<br><br>按钮1　按钮2<br><br>图6-1-3　通过前挡风玻璃刮水器操纵杆按钮设置时间<br><br>关闭点火开关 |
| 4 | 复检 | 仪表时间及电动车窗升降器是否复位：□是　　□否 |
| 5 | 取下防护 | 取下五件套（方向盘套、座椅套、脚垫、手刹套、挡位套），将工量具归位 |

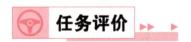 **任务评价** ▶▶　▶

请完成以下任务评价：

| 任务完成情况： | |
|------|------|
| 评价项目 | 完成情况 |
| 时间是否能调整正确？ | □是　　□否 |
| 过程中所用工具是否归位？ | □是　　□否 |
| 工作过程中操作是否规范？ | □是　　□否 |
| 车辆是否能正常行驶？ | □是　　□否 |
| 自我评价： | |

| 根据任务完成情况，学生进行自我评估并提出改进意见： |
| --- |
| 教师评价： |
| 根据任务完成情况，教师对学生进行评价并提出改进意见： |

请根据任务完成情况打分（满分100）

| 自我评价 | 组长评价 | 教师评价 | 总分 |
| --- | --- | --- | --- |
| | | | |

# 任务2  仪表的更换

## 任务目标

（1）理解仪表的作用，掌握仪表的工作原理；

（2）能够与客户交流，查阅仪表相关的维修技术资料；

（3）能够根据仪表故障现象制订维修计划，选取维修设备；

（4）能够进行仪表的拆卸更换，熟悉操作流程；

（5）能够进行维修场地的维护，注重7S管理。

## 案例导入

　　一辆卡罗拉轿车，车主反映车辆在正常行驶过程中，转速表及车速表指针均不变化。经检查，组合仪表发生故障，维修人员更换后，车辆正常使用。

## 任务分析

　　案例中指出，组合仪表故障需更换，而更换组合仪表的前提是熟练掌握组合仪表的结构

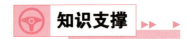

原理。

**知识支撑** ▶▶ ▶

## 一、发动机转速表工作原理

电容充放电式电子转速表也称脉冲式电子转速表，利用电容器充放电。其工作原理如图 6-2-1 所示，具体过程如下。

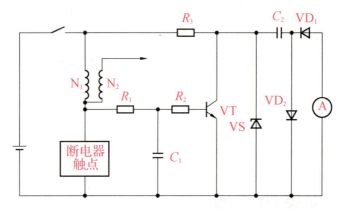

**图 6-2-1 电容充放电式电子转速表工作原理**

（1）触点闭合时，晶体管 VT 于截止状态，电容 $C_2$ 被充电。充电电路为：蓄电池正极→电阻 $R_3$→电容 $C_2$→二极管 $VD_2$→蓄电池负极。

（2）触点断开时，VT 的基极与蓄电池正极相连而导通，$C_2$ 的电荷经电流表放电。放电电路为：电容 $C_2$→晶体管 VT→电流表→二极管 $VD_2$→电容 $C_2$ 负极，驱动电流表。

（3）触点如上往复开闭，使电流表现出通过电流的平均值。二极管 VS 起稳压作用，并为电容 $C_2$ 提供充电电路，而二极管 $VD_1$ 为电容 $C_2$ 提供放电电路。

## 二、车速里程表工作原理

车速里程表用来指示汽车行驶速度和汽车累计行驶里程，由车速表和里程表两部分组成，按其工作原理可以分为磁感应式和电子式两种。

### 1. 磁感应式车速里程表

磁感应式车速里程表的结构如图 6-2-2 所示。其主动轴由变速器或分动器传动输出轴经软轴驱动。

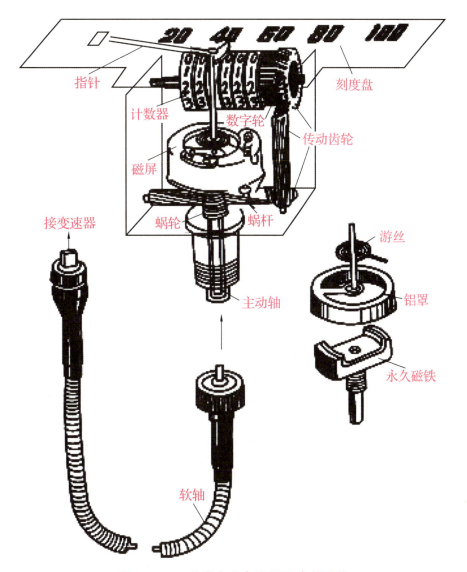

图 6-2-2　磁感应式车速里程表的结构

　　汽车行驶时，主动轴带动 U 形永久磁铁旋转，在感应罩上产生涡流磁场和转矩，驱使感应罩克服盘形弹簧力作同向旋转，从而带动指针在刻度盘上指示相应的车速值。

　　车速越快，永久磁铁旋转越快，感应罩上的涡流转矩越大，感应罩带着指针偏转的角度越大，指示的车速值也越大；反之，车速越慢，则指示的车速值越小。

　　另外，主动轴旋转还带动三套涡轮蜗杆按一定的传动比传动，从而逐级带动计数器转动。计数器为十进制，右边数字轮每旋转一周，相邻的左边数字轮指示数便自动增加 1，从右往左其单位依次为 1/10 km，1 km，10 km，…。依次类推，就能累计出汽车所行驶过的里程。

　　汽车停驶时，永久磁铁以及涡轮蜗杆均停止转动，感应罩上的涡流转矩消失，在盘形弹簧作用下使转速表指针回到"0"位置，同时里程表也停止计数。当汽车继续行驶时，里程表又继续计数。

### 2. 电子式车速里程表

奥迪 100 型轿车的组合仪表中装有指针式电子车速里程表。电子车速里程表主要由车速传感器、电子电路、车速表和里程表四部分组成，如图 6-2-3 所示。

安装在仪表板背后的印制线路软板，是将连接电路印制在聚氯乙烯塑料薄片上，一方面使各仪表及指示灯之间的电路连接，另一方面实现了仪表板与线束之间的连接，从而使仪表电路连接简单清晰，提高了使用的方便性和可靠性。

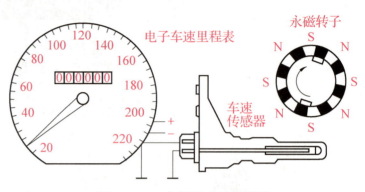

图 6-2-3　电子式车速里程表

## 三、机油压力表工作原理

机油压力表用来指示发动机机油压力的大小，由装在仪表板上的油压表和装在发动机主油道中或粗滤器上的机油压力传感器两部分组成，可分为双金属片式油压表与双金属片式传感器、电磁式油压表与可变电阻式传感器及动磁式油压表与可变电阻式传感器三类。其中，以双金属片式油压表与双金属片式传感器应用最广泛，其结构如图 6-2-4 所示。

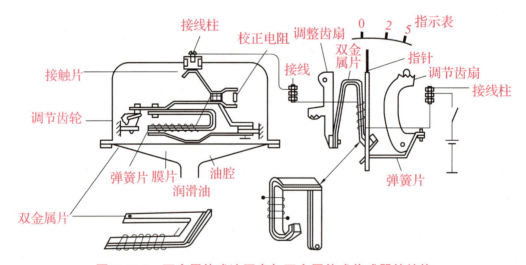

图 6-2-4　双金属片式油压表与双金属片式传感器的结构

发动机不工作时，仪表电路不通，指示表靠双金属片保持在"0"位置。

发动机运转，如果润滑油压力增大时，传感器油腔内的油压也增大，压迫膜片向上拱曲，使触点的闭合压力增大。此时电热线圈必须经过较长时间通电后，才能使双金属片得到较大的弯曲，才能将触点分开；触点分开后，又只需较短的时间冷却，触点重又闭合。于

是，在触点闭合时间长、断开时间短的不断开闭动作下，由于频率增高，通过指示表中的脉冲电流平均值增大，电热线圈使双金属片变形大，钩动指针向右偏转，指示出油压值。因此，油压越大，传感器触点开闭频率越高，脉冲电流值平均值越大，双金属片变形也越大，指针偏移角也大，指示出的油压值越高。反之，油压降低，传感器触点开闭频率变低，脉冲电流平均值减小，双金属片变形小，指针偏移角小，指示的油压值低。

这种油压表主要靠脉冲电流大小的变化，达到相应指示油压值的目的，所以又称电热脉冲式油压表。

## 四、燃油表工作原理

燃油表用来指示汽车油箱中的存油量，它与装在油箱内的燃油传感器配合工作。传感器一般为可变电阻式。

### 1. 电磁式燃油表

1）双线圈燃油表

双线圈燃油表的结构和电路如图6-2-5所示。该燃油表有左右两只线圈（线圈内有铁心），中间置有转子，转子上连有指针。可变电阻式传感器由电阻器、滑片、浮子等组成。浮子漂浮在油面上，随油面的高低而起落，带动滑片使电阻器的阻值随之改变。

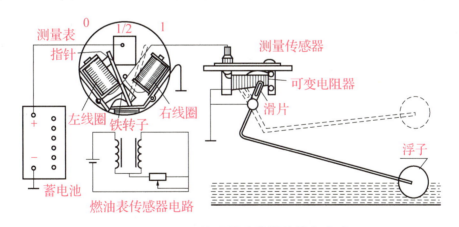

**图6-2-5 双线圈燃油表的结构和电路**

当油箱内无油时，浮子下降到最低位置，传感器上的电阻器被短路。同时，右线圈也被短路；而左线圈在电源电压的作用下，电流达到最大，产生的电磁强度也最大，吸引转子带动指针偏向最左端，指在"0"刻度上。

当向油箱中加油时，随着油量的增多，浮子上升，电阻逐渐增大。左线圈中电流逐渐减小，电磁强度相对减弱。右线圈中电流逐渐增大，电磁强度相对增强，两线圈合成磁场偏向右方，吸引指针顺时针偏转，指示油量增多。

当油箱注满时，浮子上升到最高位置，传感器的电阻被全部接入。这时，左线圈中的电

流最小，而右线圈中的电流最大，电磁力也达到最大，在两线圈合成磁场的作用下，指针偏向最右端指在 "1" 刻度上，表示油箱已经盛满油。

传感器的可变电阻末端搭铁，可避免滑片与可变电阻接触不良时产生火花，引起火灾危险。

2）三线圈燃油表

三线圈燃油表的电路如图 6-2-6 所示。当燃油表通电后，线圈 E（空）与线圈 F（满）产生的磁场呈 90° 夹角，其合成磁场的方向决定永磁转子的偏转角度。线圈 B（补偿）产生的磁场极性与线圈 E 相反。传感器与线圈 F、B 并联。

当油箱注满燃油时，传感器浮子上升至最高位置，串于电路中的电阻阻值最大，线圈 B 与线圈 F 的电流达到最大值，磁场强度也达到最大值，三个线圈的合成磁场将偏至线圈 F 一侧，永

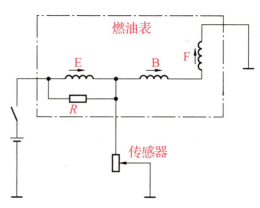

图 6-2-6　三线圈燃油表的电路

磁转子在合成磁场作用下向线圈 F 一侧偏转，指针在永磁转子的带动下指向满油箱刻度 F。

当油箱中油量减少，油面下降后，传感器浮子下落，串于电路中的电阻阻值减小，线圈 E 的电流增大，线圈 B 与线圈 F 的电流相对减小，磁场强度减弱，合成磁场向线圈 E 一侧偏转，永磁转子在合成磁场作用下也向线圈 E 一侧偏转，指针指示低油量刻度。

如图 6-2-6 所示的分流电阻 R 的作用是补偿线圈绕制误差对指示精度的影响。

**2. 电热式燃油表**

电热式燃油表的结构和电路如图 6-2-7 所示，为了稳定电源电压，在电路中还串联了一个仪表稳压器。

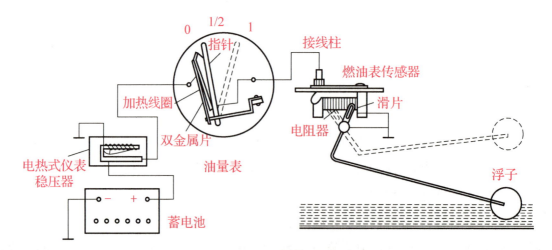

图 6-2-7　电热式燃油表的结构和电路

当燃油量较多时，浮子上升，传感器阻值减小，流过指示表电热线圈中的电流较大，双金属片变形大，指针指向燃油较多方向；相反，燃油较少时，浮子下降，传感器电阻较大，流过电热线圈中的电流减小，双金属片变形小，指针指向燃油较少方向。

## 五、报警装置

### 1. 燃油不足报警灯

燃油不足报警灯电路如图 6-2-8 所示。其报警开关为热敏电阻式，装在油箱内。

当箱内燃油量多时，负温度系数的热敏电阻元件浸没在燃油中，散热快，温度较低，电阻值较大。因此，电路中几乎没有电流，报警灯不亮。

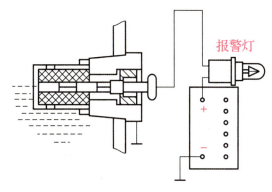

图 6-2-8　燃油不足报警灯电路

而当燃油减少到规定值以下时，热敏电阻元件露出油面，散热较慢，温度升高，电阻值减小，电路中电流增大，则报警灯点亮。

### 2. 制动器摩擦片磨损报警电路

磨损检测传感器用于检测汽车制动器摩擦片的磨损情况。检测摩擦片磨损情况常用的一种方法是：当制动器摩擦片超过磨损允许的限度时，磨损检测传感器本身被磨损，并将此磨损情况转变为电信号输入电控单元，并接通报警电路。

磨损检测传感器在盘式制动器上的安装情况如图 6-2-9 所示。

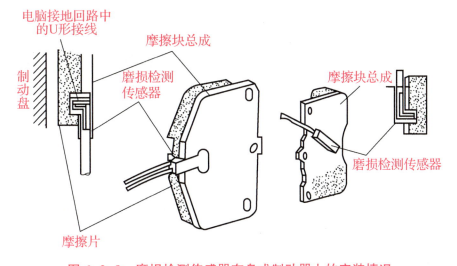

图 6-2-9　磨损检测传感器在盘式制动器上的安装情况

磨损检测传感器是一个安装在摩擦片中的 U 形金属丝，U 形金属丝的顶端就处在制动器摩擦片的磨损极限位置。

当制动器摩擦片没有磨损到极限位置时，输出电压为 0；当摩擦片磨损到规定限度时，U 形金属丝部分被磨断，电路断开，这时输出电压为高电平，如图 6-2-10 所示。异常信号输入电控单元中或通过电阻 $R$ 接通报警电路，使报警灯点亮。

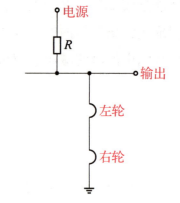

图 6-2-10　磨损检测传感器工作电路

## 一、实施计划

针对案例中出现的问题，当组合仪表不能正常显示时，如果排除了其他部位的故障后依然不能正常显示，则进行组合仪表的检查与更换。

更换液晶显示屏

## 二、工量具的选用

需要用到的工具和量具有保护性胶带、专用工具、翼子板布、格栅布。

## 三、实施步骤

| 序号 | 步骤 | 内容 |
| --- | --- | --- |
| 1 | 安装车辆防护 | 打开车门，安装三件套，分别为_____、_____、_____ |
| 2 | 拆卸 | （1）拆卸仪表板左下装饰板。<br>（2）拆卸仪表板左端装饰板。<br>（3）拆卸仪表组装饰板总成：操作倾斜度调节杆，以降下方向盘总成，在如图 6-2-11 所示位置粘贴保护性胶带。<br><br>图 6-2-11　粘贴保护性胶带 |

续表

| 序号 | 步骤 | 内容 |
|---|---|---|
| 2 | 拆卸 | 脱开导销、卡爪和 3 个卡子，并拆下仪表组装饰板总成，如图 6-2-12 所示。<br><br>图 6-2-12　拆下仪表组装饰板总成<br><br>（4）拆卸组合仪表总成：拆下 2 个螺钉，脱开 2 个导销，如图 6-2-13 所示。<br><br>图 6-2-13　拆卸组合仪表总成<br><br>拆下组合仪表总成时，小心不要损坏导销。<br>然后拉出组合仪表总成，断开连接器，并拆下组合仪表总成，如图 6-2-14 所示。 |

续表

| 序号 | 步骤 | 内容 |
|---|---|---|
| 2 | 拆卸 | <br>图6-2-14　拆下组合仪表总成<br><br>拆下组合仪表总成时，不要损坏上仪表板分总成或组合仪表总成 |
| 3 | 安装 | （1）安装组合仪表总成：连接连接器，并暂时安装组合仪表总成。安装组合仪表总成时，不要损坏上仪表板分总成或组合仪表总成。<br>接合2个导销。安装组合仪表总成时，小心不要损坏导销，并将导销牢固地插入上仪表板分总成的孔内，然后用2个螺钉安装组合仪表总成。<br>（2）安装仪表组装饰板总成：接合导销、卡爪和3个卡子，并安装仪表组装饰板总成。清除转向柱罩上贴着的保护性胶带。<br>（3）安装仪表板左端装饰板。<br>（4）安装仪表板左下装饰板 |
| 4 | 复检 | 更换工作完成后，确认故障是否排除：□是　　□否 |
| 5 | 取下防护 | 取下防护套装（翼子板布、格栅布），关闭发动机舱盖，取下三件套，将工量具归位 |

## 任务评价 ▶▶ ▶

请完成以下任务评价：

| 任务完成情况： | | |
|---|---|---|
| **评价项目** | **完成情况** | |
| 仪表是否能正常工作？ | □是 | □否 |
| 过程中所用工具是否归位？ | □是 | □否 |
| 工作过程中操作是否规范？ | □是 | □否 |

| 自我评价： | | | |
|---|---|---|---|
| 根据任务完成情况，学生进行自我评估并提出改进意见： | | | |
| 教师评价： | | | |
| 根据任务完成情况，教师对学生进行评价并提出改进意见： | | | |
| 请根据任务完成情况打分（满分100） | | | |
| 自我评价 | 组长评价 | 教师评价 | 总分 |
| | | | |

# 项目 7

# 辅助电气系统检修

 **任务 1　电动后视镜的检修**

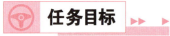 **任务目标**

（1）了解汽车电动后视镜系统，掌握蓄电池的基本知识；

（2）能够与客户交流，查阅电动后视镜相关的维修技术资料；

（3）能够根据电动后视镜故障现象制订维修计划，熟悉操作流程；

（4）能进行电动后视镜电路、开关的检查、拆卸和更换；

（5）能够进行维修场地的维护，贯彻环保理念；

（6）养成查阅资料的习惯，提升与客户的交流技巧。

 **案例导入**

　　一辆丰田卡罗拉轿车，车主反映按下车外后视镜开关调节后视镜角度，发现后视镜不能向右调节，其他方向调节正常。经检查，车外后视镜连接器出现问题，更换后故障排除。

**任务分析** ▶▶ ▶

案例中的卡罗拉轿车电动后视镜无法向右调节，根据电路分析，可能的故障原因如图 7-1-1 所示。

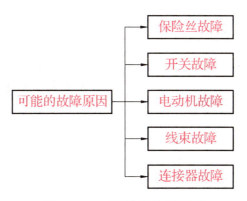

图 7-1-1　可能的故障原因

**知识支撑** ▶▶ ▶

电动后视镜是与行车安全密切相关的装置之一，行车过程中，电动后视镜系统利用曲面镜的反射，使驾驶员能够观察到后面和侧面等的交通情况。驾驶员可以根据实际情况调节后视镜的角度，既方便又有利于行车安全。

## 一、电动后视镜的分类

电动后视镜分为车内后视镜和车外后视镜两类。车内后视镜安装在驾驶室内，驾驶员可方便地对其进行调节，如图 7-1-2 所示。

车外后视镜安装在车外，其位置和形状如图 7-1-3 所示。

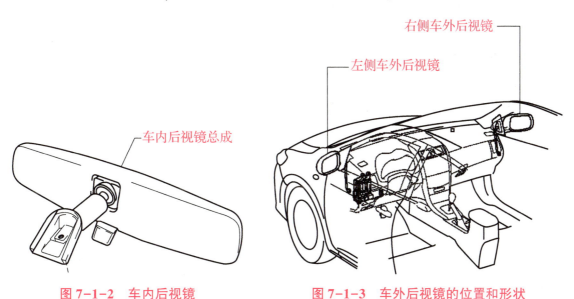

图 7-1-2　车内后视镜　　　图 7-1-3　车外后视镜的位置和形状

## 二、电动后视镜的结构

电动后视镜系统主要由直流电动机、车镜支架、连接机构和镜面玻璃等构成，如图 7-1-4 所示。

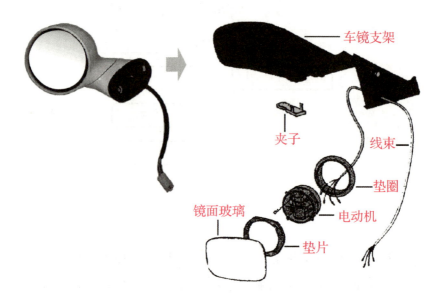

图 7-1-4　电动后视镜系统结构

电动后视镜系统包括两个直流电动机，分别控制后视镜的上下偏转和左右偏转。电动后视镜的工作由组合开关进行控制，通过交换电动机电路的极性来改变电动机转动的方向。每个电动机带有一个自复位的电路断路器，当后视镜到达行程的机械极限时，电路断路器就会将电路断开。

车外后视镜的结构如图 7-1-5 所示，其主要由车外后视镜盖、车外后视镜玻璃和中间的后视镜本体组成。

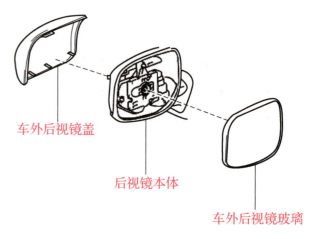

图 7-1-5　车外后视镜的结构

## 三、电动后视镜的工作原理

驾驶员需要根据自身情况、路况等因素对后视镜角度进行调节，手动调节的方式相对麻烦，而电动后视镜可以有效解决这一问题。驾驶员能够通过操作调节开关，通过改变电动机旋转方向实现后视镜不同角度的调整，操作简便高效。

别克威朗电动后视镜电路图如图 7-1-6 所示。

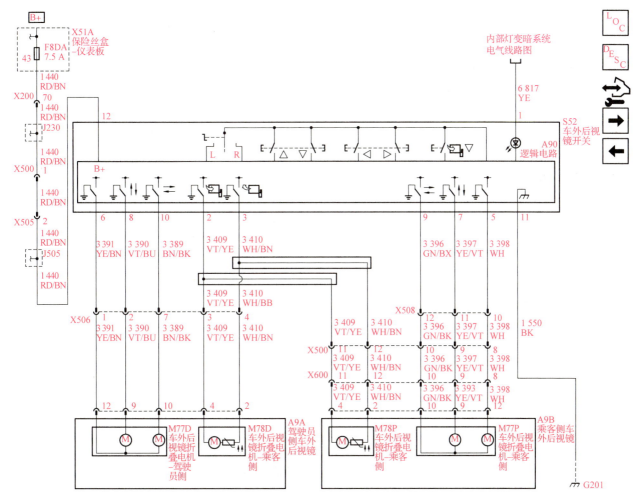

图 7-1-6 别克威朗电动后视镜电路图

### 1. 后视镜折叠

电流流向：蓄电池 B+→F8DA7.5A 保险→S52 车外后视镜开关（操作折叠后视镜挡位）→M78D、M78P 车外后视镜折叠电机，车外后视镜完成折叠。

### 2. 后视镜调节

电流流向：蓄电池 B+→F8DA7.5A 保险→S52 车外后视镜开关（调节后视镜方向）→M77D、M77P 车外后视镜折叠电机，车外后视镜完成调节。

## 四、电加热后视镜

### 1. 后视镜加热功能

后视镜加热功能是指当汽车在雨、雪、雾等天气行驶时，后视镜可以通过镶嵌于镜片后的电热丝加热，确保镜片表面干燥，没有水雾。

### 2. 电加热后视镜的工作原理

电加热后视镜的工作原理非常简单，成本也不高，在两侧外后视镜的镜片内安装电热丝或者电热片（电热膜），如图 7-1-7 所示。

别克威朗电加热后视镜电路图如图 7-1-8 所示。

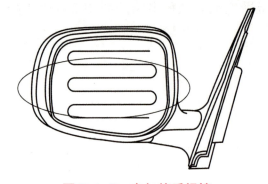

图 7-1-7　电加热后视镜

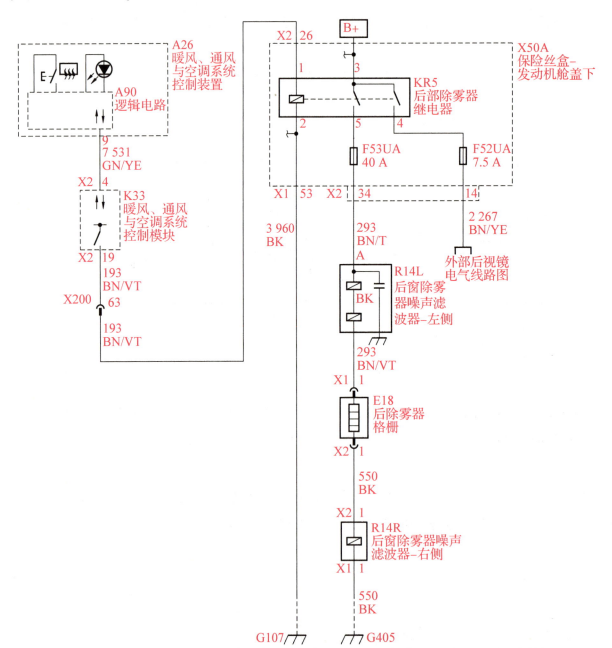

图 7-1-8　别克威朗电加热后视镜电路图

操作车外后视镜加热按钮，K33 收到加热信号，K33 暖风、通风与空调系统控制模块控制 KR5 后部除雾器继电器吸合。

电流流向：蓄电池 B+→KR5 后部除雾器继电器 4 号触点→F52UA7.5 A 保险→J335 插接器→E17D、E17P 车外后视镜加热丝→接地点 G201、G202 搭铁，如图 7-1-9 所示。

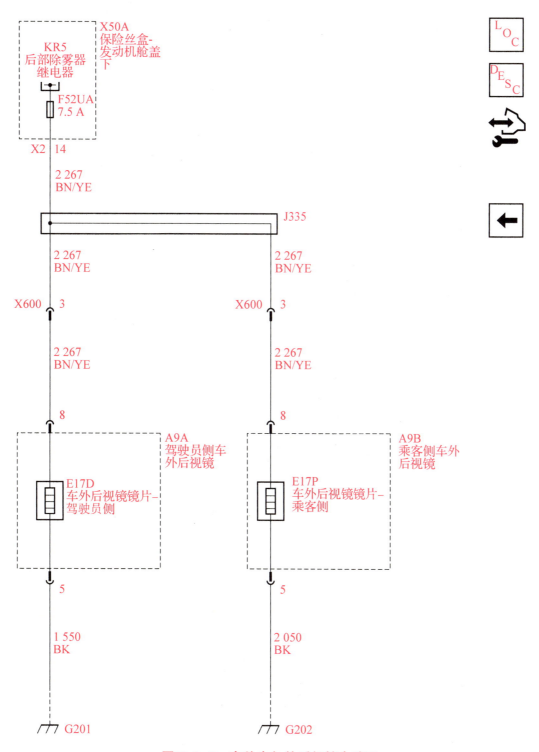

图 7-1-9　车外电加热后视镜电路图

**实践训练**

更换电动后视镜

## 一、实施计划

针对案例中出现的故障现象，有可能出现的问题有：后视镜故障、开关故障和线路故障等。

## 二、工量具的选用

需要用到的工具和量具有万用表、专用工具、翼子板布、格栅布、挡块等。

## 三、实施步骤

| 序号 | 步骤 | 内容 |
|---|---|---|
| 1 | 安装车辆防护 | 打开车门，安装三件套，分别为_____、_____、_____ |
| 2 | 故障确认 | 车外后视镜开关调节后视镜角度，无法向右调节 |
| 3 | 故障排除 | 1. 拆卸<br>（1）拆卸前门内把手框。<br>（2）拆卸前扶手座上板。<br>（3）拆卸门控灯总成。<br>（4）拆卸前门装饰板分总成。<br>（5）拆卸前门下门框支架装饰条。<br>（6）拆卸带盖的车外后视镜总成：断开连接器，拆下 3 个螺栓，如图 7-1-10 所示。然后就可拆下带盖的车外后视镜总成。<br><br>图 7-1-10　拆下螺栓 |

续表

| 序号 | 步骤 | 内容 |
|---|---|---|
| 3 | 故障排除 | （7）拆卸车外后视镜玻璃。<br>（8）拆卸车外后视镜盖。<br>2. 检查<br>（1）检查右侧车外后视镜总成：断开后视镜连接器，按如图 7-1-11 所示端子标号和表 7-1-1 要求，施加蓄电池电压并检查后视镜的工作情况。 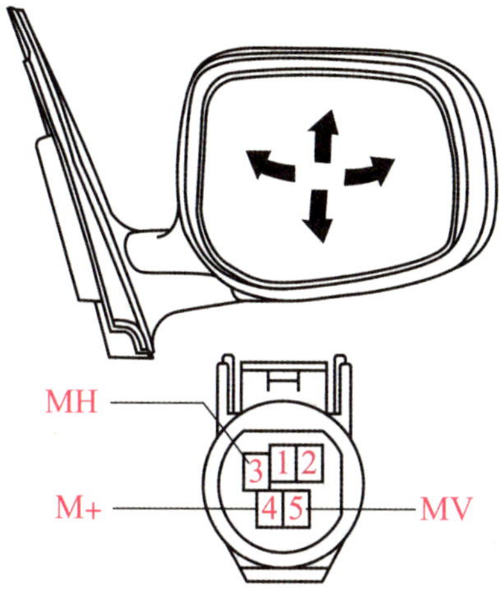<br><br>图 7-1-11 后视镜连接器端子标号<br><br>表 7-1-1 电压标准值 |

图 7-1-11 后视镜连接器端子标号

表 7-1-1 电压标准值

| 测量条件 | 规定状态 |
|---|---|
| 蓄电池正极（+）→ 端子 5（MV）<br>蓄电池负极（−）→ 端子 4（M+） | 上翻 |
| 蓄电池正极（+）→ 端子 4（M+）<br>蓄电池负极（−）→ 端子 5（MV） | 下翻 |
| 蓄电池正极（+）→ 端子 3（MH）<br>蓄电池负极（−）→ 端子 4（M+） | 左转 |
| 蓄电池正极（+）→ 端子 4（M+）<br>蓄电池负极（−）→ 端子 3（MH） | 右转 |

如果结果不符合规定，更换后视镜总成。

（2）检查左侧车外后视镜总成，方法同上。

（3）如带后视镜加热器，则需要检测后视镜加热器工作状况：按如图 7-1-12 所示端子标号和表 7-1-1 要求，测量电阻。常温（25℃）下 1（H+）−2（H−）之间的电阻为 7.6~11.4 Ω。如果结果不符合规定，更换后视镜总成。

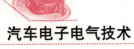

续表

| 序号 | 步骤 | 内容 |
|------|------|------|
| 3 | 故障排除 | 图7-1-12　后视镜加热器端子标号<br><br>　　然后将蓄电池正极（+）端子连接至端子1，并将蓄电池负极（−）端子连接至端子2，检查并确认后视镜变暖。如果结果不符合规定，更换车外后视镜。<br>　　3. 安装<br>　　（1）安装车外后视镜盖。<br>　　（2）安装车外后视镜玻璃。<br>　　（3）安装带盖的车外后视镜总成：接合卡爪，并暂时安装带盖的车外后视镜总成，然后安装3个螺栓，最后连接连接器。<br>　　（4）安装前门下门框支架装饰条。<br>　　（5）安装前门装饰板分总成。<br>　　（6）安装门控灯总成。<br>　　（7）安装前扶手座上板。<br>　　（8）安装前门内把手框 |
| 4 | 复检 | 维修工作完成后，确认故障是否排除：□是　　　□否 |
| 5 | 取下防护 | 取下防护套装（翼子板布、格栅布），关闭发动机舱盖，取下三件套，将工量具归位 |

 **任务评价**

请完成以下任务评价：

| 任务完成情况： | | |
|---|---|---|
| 评价项目 | 完成情况 | |
| 后视镜是否能正常工作？ | □是 | □否 |
| 过程中所用工具是否归位？ | □是 | □否 |
| 工作过程中操作是否规范？ | □是 | □否 |

自我评价：

根据任务完成情况，学生进行自我评估并提出改进意见：

教师评价：

根据任务完成情况，教师对学生进行评价并提出改进意见：

请根据任务完成情况打分（满分 100）

| 自我评价 | 组长评价 | 教师评价 | 总分 |
|---|---|---|---|
| | | | |

# 任务 2　电动车窗的检修

## 任务目标

（1）了解汽车电动车窗的作用，掌握电动车窗系统的组成与功能；

（2）能够与客户交流，查阅电动车窗系统的维修技术资料；

（3）能够根据电动车窗系统故障现象制订维修计划，选取维修设备；

（4）能够进行电动车窗系统的检修，熟悉操作流程；

（5）能够进行维修场地的维护，按照要求处理废旧零部件；

（6）养成查阅资料的习惯，提升与客户的交流技巧，贯彻环保理念。

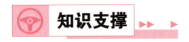 **案例导入** >>> ▶

　　一辆大众迈腾 B8 轿车，车主反映驾驶员侧前部车窗玻璃升降器按钮失效，无法控制驾驶员侧前部车窗玻璃上升或下降；驾驶员侧车门的车窗玻璃控制单元可以控制其他三个车门车窗玻璃的上升或下降，需要进行维修。

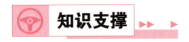 **任务分析** >>> ▶

　　针对案例中的故障现象，需要在正确认知大众迈腾 B8 车窗系统电路图的基础上，分析可能的故障原因，如图 7-2-1 所示。

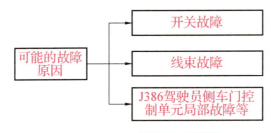

**图 7-2-1　可能的故障原因**

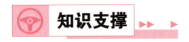 **知识支撑** >>> ▶

## 一、电动车窗系统的作用

　　电动车车窗系统通过开关操作开闭车窗。驾驶员或乘员操纵开关接通车窗升降电动机的电路，电动机产生动力并通过一系列的机械传动，使车窗玻璃按需求升降。电动车窗由于操作简便、可靠，在现代汽车上得到了广泛的应用。通过电动车窗可以实现车内通风换气，提高车内人员舒适性，使驾驶员精力更加集中。

　　驾驶员侧可以操作四个车窗，乘员只能操作对应位置车窗。大众迈腾 B8 电动车窗系统如图 7-2-2 所示。

## 二、电动车窗系统的组成

　　电动车窗系统主要由玻璃升降器、车窗升降电动机、电动车窗总开关、电动车窗开关、点火开关及门控开关等组成。

**图 7-2-2　大众迈腾 B8 电动车窗系统**

### 1. 玻璃升降器

玻璃升降器也称车窗开闭调节器，其通过把车窗升降电动机的旋转运动转换为上下运动，实现打开和关闭车窗。

玻璃升降器主要分为叉臂型、齿扇型和拉索型三种。

1）叉臂型玻璃升降器

叉臂型玻璃升降器又称 X 臂型玻璃升降器，如图 7-2-3 所示，其主要由提升臂、X 臂和平衡臂组成。

车窗玻璃置于提升臂上方，X 臂支撑着提升臂，平衡臂则与 X 臂相连。

车窗玻璃通过 X 臂高度的改变实现上升和下降。车窗升降电动机为双向电动机，当车窗升降电动机转动时，带动 X 臂的一条臂绕车窗升降电动机和 X 臂的铰接中心旋转，而平衡臂不动，X 臂的另一条臂下端在平衡臂上滑动；同时，X 臂两条臂的另一端都在提升臂上滑动。在 X 臂两条臂的共同作用下，提升臂上升，从而带动车窗玻璃上升。

由于玻璃存在自重，车窗升降电动机在车窗玻璃下降时所需驱动力较小，而上升时所需驱动力较大。为了使车窗升降电动机驱动力波动不大，一般在与车窗升降电动机连接的 X 臂铰链处安装有平衡簧。该弹簧在玻璃下降的时候吸收能量被拉紧，玻璃上升时释放能量松开，从而实现车窗升降电动机驱动力的平衡。

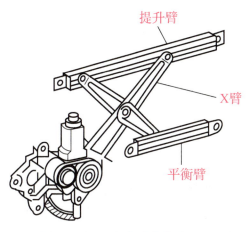

图 7-2-3　X 臂型玻璃升降器

2）齿扇型玻璃升降器

齿扇型玻璃升降器如图 7-2-4 所示，齿扇上连有螺旋弹簧。

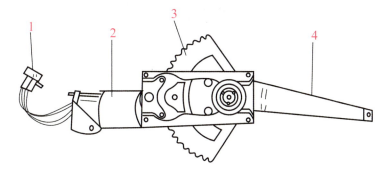

1—电线接头；2—电动机；3—齿扇；4—推力杆（用于推动车窗玻璃）。

图 7-2-4　齿扇型玻璃升降器

当车窗上升时，螺旋弹簧伸展，放出能量，以减轻车窗升降电动机负荷；当车窗下降时，螺旋弹簧压缩，吸收能量，从而使车窗无论是上升还是下降，车窗升降电动机负荷基本相同。

3) 拉索型玻璃升降器

拉索型玻璃升降器使用柔性齿条和小齿轮，车窗玻璃连在齿条的一端，车窗升降电动机带动轴端小齿轮转动，使齿条移动，以带动车窗玻璃升降。其结构如图 7-2-5 所示。

### 2. 车窗升降电动机

车窗升降电动机正向或反向转动，驱动车窗开闭调节器动作，从而实现车窗的开闭。不同汽车电动车窗的控制电路不同，电动机也不同，主要分为永磁式和双线组串励式。

车窗升降电动机内部一般装有抑制无线电干扰的装置，以防止在使用玻璃升降器时对车内无线电的接收形成干扰，电动机内部还装有电流保护装置，电动机运动受阻时能自动切断电源，从而避免电动机烧毁。

车窗升降电动机结构如图 7-2-6 所示，主要包括电动机、传动机构和传感器。通过开关操作，电动机正向和反向转动。传动装置将电动机旋转传输到玻璃升降器。传感器由用于控制防夹功能的限位开关和速度传感器组成。

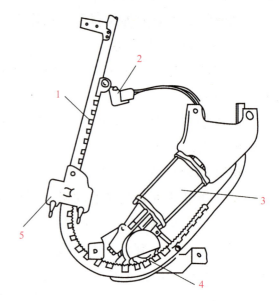

1—齿条；2—电线接头；3—电动机；
4—小齿轮；5—定位架。

图 7-2-5　拉索型玻璃升降器

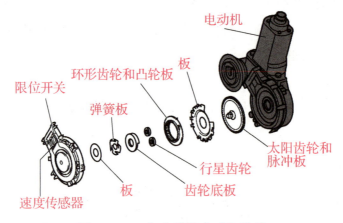

图 7-2-6　车窗升降电动机结构

### 3. 电动车窗的开关

1) 电动车窗总开关

电动车窗总开关如图 7-2-7 所示，其作用为：

（1）控制整个电动车窗系统；

（2）根据驾驶员侧的车窗升降电动机的速度传感器和限位开关信号，进行是否卡住的判断。

2）电动车窗开关

电动车窗开关又称升降器按钮，如图 7-2-7 所示，其作用是分别驱动前面乘员和后面乘员车窗的车窗升降电动机。

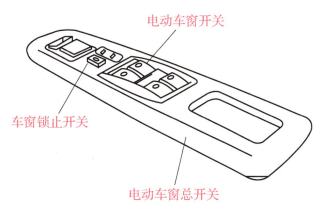

图 7-2-7　电动车窗的开关

3）点火开关

点火开关将 ON、ACC 或 LOCK 信号传输到电动车窗总开关，以便控制无钥匙电动车窗功能。

4）门控开关

门控开关如图 7-2-8 所示，其作用为：将驾驶员车门的打开或关闭信号传送到电动车窗总开关，以便控制无钥匙电动车窗功能。

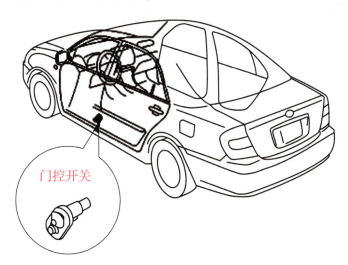

图 7-2-8　门控开关

## 三、电动车窗系统的功能

### 1. 手动开/关功能

当电动车窗开关被推或拉到一半时，窗户打开或关闭，开关松开，则车窗停止运动。

### 2. 单触式自动开/关功能

当电动车窗开关被推或拉到底时，窗户自动全开或全关。

### 3. 车窗锁止功能

当车窗锁止开关打开时，将使部分车窗打开和关闭功能失效。

### 4. 防夹保护功能

在单触式自动关窗期间，即车窗自动上升过程中，如果感知到异物，此功能自动停止电动车窗继续上升，并将车窗玻璃向下移动大约 50 mm，如图 7-2-9 所示。

### 5. 无钥匙电动车窗功能

在车门没有打开过的情况下，点火开关转动到"ACC"或者"LOCK"位置后大约 45 s（视车型不同而变化）里，可以进行电动车窗的操作，如图 7-2-10 所示。

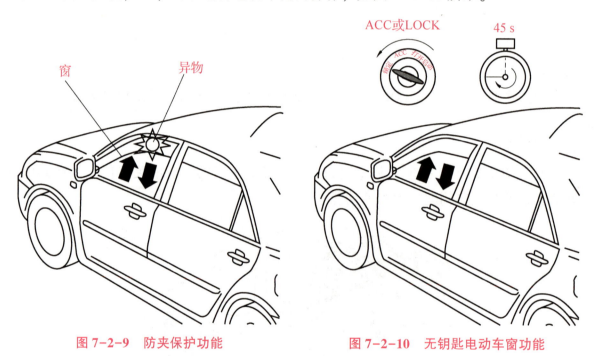

图 7-2-9　防夹保护功能　　　　图 7-2-10　无钥匙电动车窗功能

### 6. 驾驶员车门锁芯联动功能

此功能按照驾驶员车门锁芯和无线控制门锁的操作，打开和关闭车窗。

## 四、电动车窗系统的工作原理

下面以大众迈腾 B8 为例，介绍电动车窗系统工作原理，如图 7-2-11 所示。

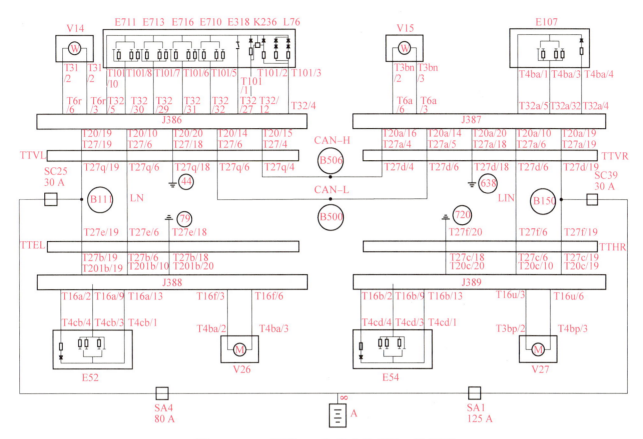

图 7-2-11　迈腾 B8 电动车窗系统工作原理

点火开关转动到"ON"位置时，电动车窗才能工作。此时，汽车四个车门控制单元被唤醒。通过操作车窗玻璃的升降器按钮，可以控制车窗玻璃进行工作。

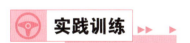**实践训练** ▶▶ ▶

## 一、实施计划

电动车窗检修

针对案例中出现的故障现象，有可能出现的问题有开关故障、线束故障和 J386 驾驶员侧车门控制单元局部故障等。在实际实施中应该遵循由易到难、由不拆解到拆解的原则。因此制订故障诊断排除计划，如图 7-2-12 所示。

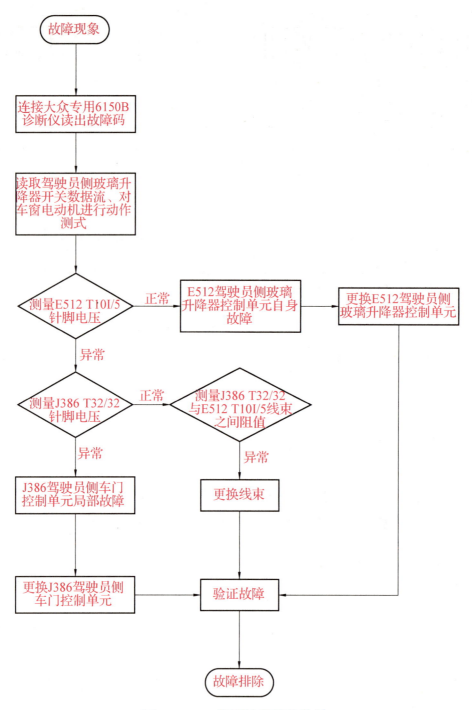

图 7-2-12　故障诊断排除计划

## 二、工量具的选用

需要用到的工具和量具有大众迈腾 B8 维修手册、大众迈腾 B8 电路图、大众迈腾 B8 轿车、208 适配线、万用表、大众专用 6150B 诊断仪、示波器。

## 三、实施步骤

| 序号 | 步骤 | 内容 |
|---|---|---|
| 1 | 安装车辆防护 | 确认器材及工量具是否符合要求：□是　　□否<br>确认技术资料是否准备齐全：□是　　□否<br>确认个人着装是否符合要求：□是　　□否<br>是否正确安装车轮挡块：□是　　□否<br>是否正确安装车内五件套及翼子板布：□是　　□否<br>是否正确安装汽车尾排：□是　　□否 |
| 2 | 故障确认 | 左前车门玻璃升降器是否工作：□是　　□否<br>右前车门玻璃升降器是否工作：□是　　□否<br>左后车门玻璃升降器是否工作：□是　　□否<br>右后车门玻璃升降器是否工作：□是　　□否<br>儿童安全锁按钮是否工作：□是　　□否<br>最终确认车辆故障现象：操作驾驶员侧 E710 开关，左前车窗玻璃升降器不工作；操作驾驶员侧 E711、E713、E716 开关，左后、右后、右前车窗玻璃升降器正常工作 |
| 3 | 故障分析 | 故障存在的可能原因：<br>信号线断路故障、E710 驾驶员侧前部车窗升降器按钮自身故障、J386 驾驶员车门控制单元局部故障 |
| 4 | 故障检测 | 故障检测方法如表 7-2-1 所示。<br><br>表 7-2-1　故障检测方法 |

表 7-2-1　故障检测方法

| 检测步骤 | 标准值 | 检测值 | 检测结论 | 确定故障点为： |
|---|---|---|---|---|
| 用大众专用诊断仪 6150B 进行读取故障码 | | | | |
| 用大众专用诊断仪 6150B 进行读取数据流 | 已按压 | | | |
| 用大众专用诊断仪 6150B 进行动作测试 | 左前车窗动作 | | | |
| 测量 E512 T10I/5 针脚电压 | 4.4 V | | | |
| 测量 J386 T32/32 针脚电压 | 4.4 V | | | |
| 测量 T32/32 与 T10I/5 线束之间阻值 | 小于 1 Ω | | | |

| 序号 | 步骤 | 内容 |
|---|---|---|
| 5 | 故障排除 | 故障排除方法如表7-2-2所示。<br><br>表7-2-2　故障排除方法 |
| 6 | 复检 | 维修工作完成后，确认故障是否排除：□是　　□否 |
| 7 | 完工整理 | 收集可利用材料：□是　　□否<br>整理清洁工作场地：□是　　□否<br>整理清洁工量具：□是　　□否<br>整理清洁车辆设备：□是　　□否<br>确认工作场所安全归位：□是　　□否 |

表7-2-2　故障排除方法

| 步骤 | 注意事项 | 结论 | |
|---|---|---|---|
| 更换线束 | 新线束是否完好 | □是 | □否 |
| 实车验证 | 是否存在其他故障 | □是 | □否 |
| | 车辆是否完全恢复 | □是 | □否 |

## 🎯 任务评价 ▶▶ ▶

请完成以下任务评价：

任务完成情况：

| 评价项目 | 完成情况 | |
|---|---|---|
| 车窗系统是否能正常工作？ | □是 | □否 |
| 过程中所用工具是否归位？ | □是 | □否 |
| 工作过程中操作是否规范？ | □是 | □否 |

自我评价：

根据任务完成情况，学生进行自我评估并提出改进意见：



教师评价：

根据任务完成情况，教师对学生进行评价并提出改进意见：



请根据任务完成情况打分（满分100）

| 自我评价 | 组长评价 | 教师评价 | 总分 |
|---|---|---|---|
| | | | |

# 任务3　刮水器的检修

## 任务目标

(1) 了解汽车刮水器，掌握刮水器的基本知识；

(2) 能够与客户交流，查阅刮水器相关的维修技术资料；

(3) 能够根据刮水器故障现象制订维修计划，选取维修设备；

(4) 能够进行刮水器保险、开关灯的更换，熟悉操作流程；

(5) 能够进行维修场地的维护，贯彻环保理念。

## 案例导入

　　一辆别克威朗轿车，车主反映轿车刮水器系统不能正常工作。汽车前挡风玻璃洗涤器左前喷嘴不喷水，不能良好地对挡风玻璃清洁，会影响驾驶员的视野，进而影响行车安全。经诊断为左前喷嘴自身故障，更换后恢复正常。

## 任务分析

　　刮水器系统不喷水可能的故障原因主要为：喷嘴故障、喷嘴软管局部故障，如图7-3-1所示。

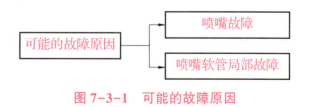

图7-3-1　可能的故障原因

此时，需要进行喷嘴的检查、喷嘴软管的检查，并针对故障点进行修复更换。

## 知识支撑

## 一、刮水器的作用

刮水器作用是清扫挡风玻璃上的雨水、雪或尘土，以确保驾驶员有良好的视线。刮水器有气压式、电动式等多种，但多数采用电动式。同时，汽车还安装了风窗清洗装置，用清洗液清除风挡上的污垢，如图 7-3-2 所示。

图 7-3-2　刮水器的作用

## 二、刮水器组件位置

刮水器组件位置如图 7-3-3 及图 7-3-4 所示。

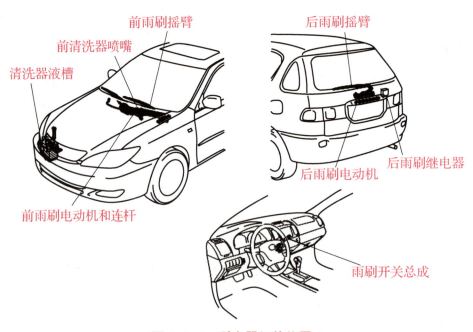

图 7-3-3　刮水器组件位置 1

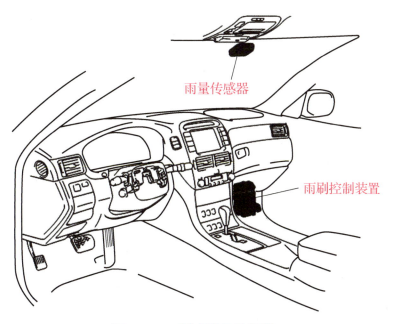

雨量传感器

雨刷控制装置

图 7-3-4　刮水器组件位置 2

## 三、刮水器的结构

由图 7-3-3、图 7-3-4 所示，刮水器主要包括前雨刷摇臂/前刮水片、前雨刷电动机和连杆、前清洗器喷嘴、清洗器液槽、雨刷开关总成、后雨刷摇臂/后刮水片、后雨刷电动机、后雨刷继电器、雨刷控制装置及雨量传感器。

### 1. 雨刷摇臂和刮水片

雨刷摇臂和刮水片如图 7-3-5 所示。

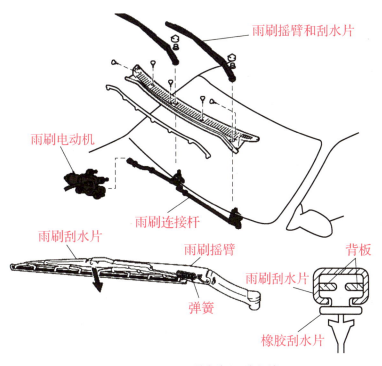

雨刷摇臂和刮水片

雨刷电动机

雨刷连接杆

雨刷刮水片

雨刷摇臂

背板

雨刷刮水片

弹簧

橡胶刮水片

图 7-3-5　雨刷摇臂和刮水片

可见，雨刷结构为一把附着于金属杆的橡胶刮水片，金属杆称为雨刷摇臂，橡胶刮水片称为雨刷，雨刷用弹簧压在挡风玻璃上，雨刷通过雨刷摇臂进行弧形移动，通过刮水片移动擦拭挡风玻璃。背板安装在橡胶刮刀内，并一同附着于雨刷摇臂上。

雨刷摇臂通过电动机转动和联动齿轮的共同作用产生弧形移动。橡胶刮水片由于使用和日照温度等原因老化，因此需要定期更换。

传统的雨刷裸露在发动机罩外面。为获得更好的空气动力学性能，保证发动机舱盖表面平整并使驾驶员获得广阔的视野，越来越多的雨刷隐藏在发动机罩下面，其中雨刷部分可见的称为半隐藏雨刷，全部看不到的称为全隐藏雨刷，如图7-3-6所示。

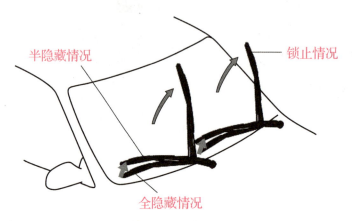

图7-3-6　半隐藏/全隐藏雨刷

装有全隐藏雨刷时，如果冰冻下雪或其他特殊情况，雨刷不能移动。强制运用雨刷系统清除积雪会损坏雨刷电动机。为防止这一情况发生，大多数的车型安装了手动将全隐藏雨刷变为半隐藏雨刷的结构，切换到半隐藏雨刷后，雨刷摇臂可以通过向图7-3-6中箭头指示方向移动实现锁定。

### 2. 雨刷开关总成

雨刷开关总成如图7-3-7所示，包括雨刷开关、清洗器开关及间歇雨刷继电器三个主要构件。

1）雨刷开关

雨刷开关安装在方向盘管轴上，一般共有除雾、停止、间歇、低速和高速五个位置。在配备后雨刷的车型中，后雨刷开关在雨刷开关上，在ON和OFF之间切换。

2）清洗器开关

清洗器开关与雨刷开关组合在一起，当清洗器开关操作时，洗涤器电动机运行并喷射洗涤液。

3）间歇雨刷继电器

间歇雨刷继电器内置于雨刷开关，根据雨量可以控制雨刷间歇运行。一般雨刷使用一种带内装继电器的雨刷开关。间歇雨刷有一个小继电器和包括电阻和电容的晶体管电路。

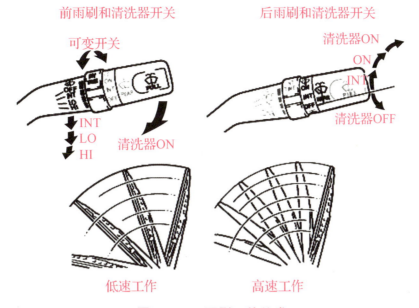

图 7-3-7　雨刷开关总成

### 3. 雨刷电动机

雨刷电动机主要包括电动机本体、传动装置和凸轮开关。

1）电动机本体

汽车电动刮水系统使用的电动机本体功率较小，一般为 15~50 W，多采用永磁式电动机，如图 7-3-8 所示。

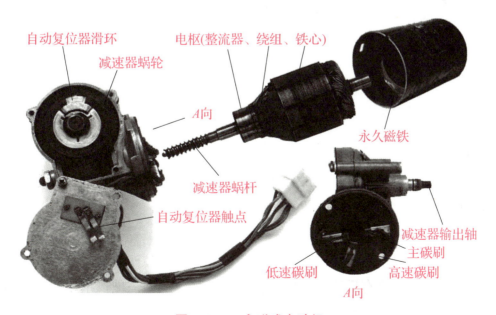

图 7-3-8　永磁式电动机

永磁式电动机具有结构简单、体积小、质量小、省电、可靠性高等优点，因此被广泛使用。

2）传动装置

一般采用涡轮蜗杆装置对电动机输出减速，如图7-3-9所示。永磁式雨刷电动机用三种电刷：低速刷、高速刷和共用刷（供接地）。在减速部分有一凸轮开关，因此雨刷将每次停在同样的位置。

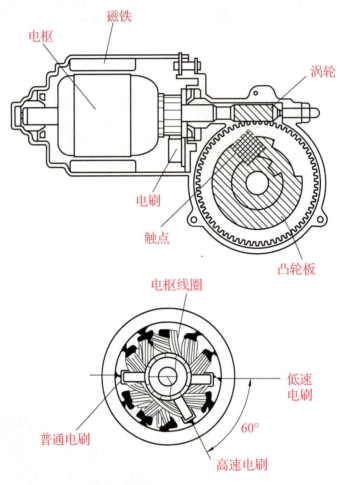

图7-3-9　雨刷电动机传动装置

3）凸轮开关

凸轮开关也称为自动停位器，它的作用是任何情况下使用雨刷，都能保持刮水片自动停止在挡风玻璃底部。

**4. 清洗器**

清洗器由电动机带动水泵，喷出清洗液。清洗液也称为玻璃水，储存在玻璃水箱内，玻璃水箱置于发动机舱内。带有后清洗器的车辆分为两种：一种是玻璃水箱前、后清洗器系统同时使用，另一种有两个玻璃水箱分别用于前、后洗冲系统。此外还有一种类型，通过使用液压阀切换清洗器喷嘴，如图7-3-10所示。

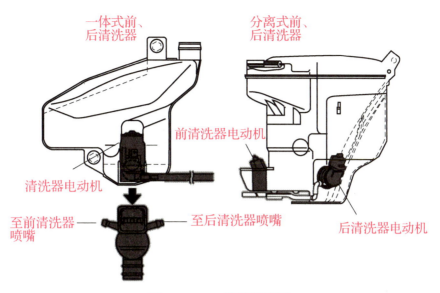

**图 7-3-10  清洗器类型**

也有的轿车上配置清洗器联动功能，操作清洗器开关一定时间后，雨刷和清洗器系统在喷射清洗液时自动运行雨刷，如图 7-3-11 所示。

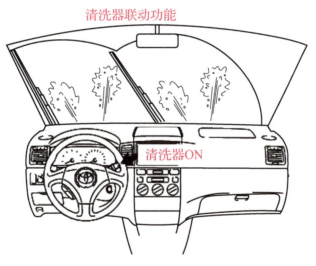

**图 7-3-11  清洗器联动功能**

## 四、刮水器的工作原理

下面以别克威朗为例，介绍刮水器工作原理，如图 7-3-12 所示。

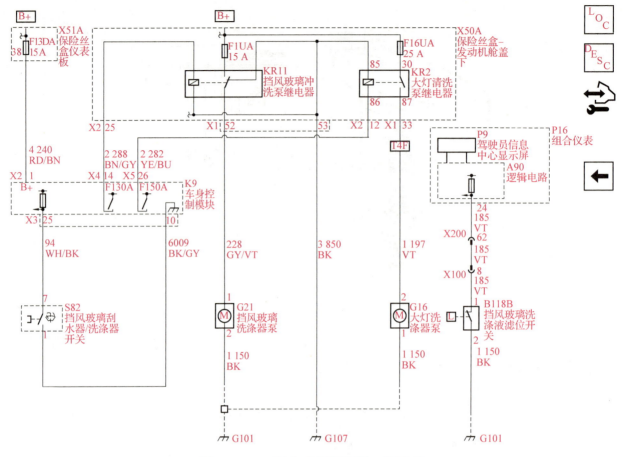

图 7-3-12　别克威朗刮水器工作原理

操作 S82 挡风玻璃刮水器/洗涤器开关，K9 车身控制模块收到 S82 挡风玻璃刮水器/洗涤器开关清洗信号，控制 KR11 挡风玻璃冲洗泵继电器吸合。

电流流向：蓄电池 B+→F1UA15 A 保险→KR11 挡风玻璃冲洗泵继电器触点→G21 挡风玻璃洗涤器泵→搭铁点 G101 接地。

## 五、雨滴感测功能

当雨刷处于 AUTO 位置时，通过雨量传感器，检测挡风玻璃上的雨滴量，控制最佳的刮水时间，如图 7-3-13 所示。

雨量传感器主要由放射红外线的 LED（发光二极管）和接受射线的光电二极管组成。检测方法如下：检测区没有雨滴存在，LED 发出的红外线全部从挡风玻璃反射，并且被光电二极管收到；如果检测区存在雨滴，发射的一部分红外线通过雨滴，改变了挡风玻璃的向外反

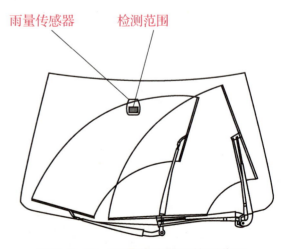

图 7-3-13　雨量传感器和检测范围

射率，则由光电二极管收到的红外线总量减少，雨刮器开始擦拭前挡风玻璃。此功能就这样控制雨刷以最佳的刮水时间动作。

如果雨刷控制装置确定在雨滴感测功能中存在故障，则按照车速间歇运行雨刷。作为一种防故障功能，雨刷也可以通过将雨刷开关置于 LO 或 HI 位置正常运行。

 **实践训练** ▶▶ ▶

刮水器检修

## 一、实施计划

刮水器系统不喷水有可能的原因主要为：喷嘴故障、喷嘴软管局部故障。经检查，确定为喷嘴自身故障，因此需要更换喷嘴。

## 二、工量具的选用

需要用到的工具和量具有车内五件套、翼子板布、挡块、气枪等。

## 三、实施步骤

| 序号 | 步骤 | 内容 |
|---|---|---|
| 1 | 安装车辆防护 | 打开车门，安装五件套，分别为 _____、_____、_____、_____、_____ |
| 2 | 更换喷嘴 | 断开挡风玻璃洗涤器喷嘴与发动机罩的连接 |
| 3 | 复检 | 更换工作完成后，确认故障是否排除：□是　　□否 |
| 4 | 取下防护 | 取下防护套装（翼子板布、格栅布），关闭发动机舱盖，取下五件套，将工量具归位 |

 **任务评价** ▶▶ ▶

请完成以下任务评价：

| 任务完成情况： | |
|---|---|
| 评价项目 | 完成情况 |
| 刮水器是否能正常工作？ | □是　　□否 |
| 过程中所用工具是否归位？ | □是　　□否 |
| 工作过程中操作是否规范？ | □是　　□否 |
| 自我评价： | |

续表

| 根据任务完成情况，学生进行自我评估并提出改进意见： | | | |
|---|---|---|---|
| 教师评价： | | | |
| 根据任务完成情况，教师对学生进行评价并提出改进意见： | | | |
| 请根据任务完成情况打分（满分100） | | | |
| 自我评价 | 组长评价 | 教师评价 | 总分 |
|  |  |  |  |

 拓展提升

### 别克威朗挡风玻璃刮水器刮片的更换

（1）将挡风玻璃雨刷摇臂从挡风玻璃上分离至维修位置。

（2）拆除挡风玻璃刮水器刮片固定件。

（3）从挡风玻璃雨刷摇臂上轻轻拉动挡风玻璃刮水器刮片，以将其分离。

# 项目 8

# 空调系统检修

## 任务 1　汽车空调系统的认知

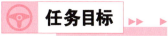
### 任务目标 ▶▶ ▶

（1）了解汽车空调系统，掌握空调的基本组成；

（2）能够正确认知空调系统组件；

（3）能够进行空调系统基本检查，熟悉操作流程；

（4）养成查阅资料的习惯，提升与客户的交流技巧，贯彻环保理念。

### 案例导入 ▶▶ ▶

　　一辆轿车，车主反映空调长时间未使用，希望进行空调系统的基本检查。经检查，该车空调系统性能正常。

### 任务分析 ▶▶ ▶

　　汽车空调系统基本性能检查主要包括温度检测、湿度检测、压力检测等。

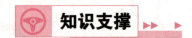

**知识支撑** ▶▶ ▶

当前，人们对于汽车舒适性的需求日益提高，汽车空调系统已经成为汽车的标配。空调系统也在不断地向高效节能、小型轻量、智能环保的方向发展。

## 一、汽车空调系统的作用

人们在一定的环境温度及大气湿度下会感到舒适，空调系统最主要的作用就是追求这种舒适性。车内的舒适状态取决于空气温度、湿度、空气流速和空气洁净度等指标。

为了保证车内人员舒适性，空调系统把经过处理的空气以一定的方式送入车内，从而将车内的温度、湿度等控制在一定范围内。空调系统的作用主要包括以下几方面。

（1）调温。驾驶员通过调节空调系统温度调节开关，可以将车内温度控制为最适宜人体的温度，以保证驾驶员以最佳状态驾驶车辆。

（2）除湿。空调系统的除湿功能可以将车内湿度保持在 50%～70%，提高车内环境的舒适度。

（3）通风。空调系统可将外界的新鲜空气引入车内，并通过过滤器或活性炭过滤器进行净化处理，以提高车内空气的洁净度。

（4）除雾除霜。若车内外温差过大，则会在车窗玻璃上形成霜雾，影响行车安全，空调系统能够实现除霜、除雾。

## 二、汽车空调系统的分类

### 1. 按驱动方式不同分类

按驱动方式不同，汽车空调可以分为独立式空调和非独立式空调。

独立式空调由专用空调发动机来驱动制冷压缩机。独立式汽车空调系统的制冷量大，运行过程稳定，不受主发动机工作情况的影响，但成本高、体积及质量大，多用于制冷量较大的大中型客车上。

非独立式空调由汽车发动机直接驱动制冷压缩机。这种汽车空调结构紧凑，但其消耗发动机 10%～15% 的功率，降低汽车后备功率，影响发动机的动力性，工作稳定性稍差。轿车上全部采用非独立式空调。

### 2. 按功能不同分类

按功能不同，汽车空调可以分为单一功能型空调、冷暖合一型空调及全功能型空调。

单一功能型空调是指制冷、暖风各自独立，自成系统，一般用于大、中型客车上。

冷暖合一型空调是指制冷、取暖和通风共用鼓风机及风道，冷风、暖风和通风在同一控制板上进行控制。

全功能型空调集制冷、除湿、采暖、通风和净化于一体，其功能完善，提高了乘员的舒适性，越来越多的汽车空调采用这种形式。

### 3. 按结构形式不同分类

按结构形式不同，汽车空调可分为整体式空调、分体式空调和分散式空调。

整体式空调是指将副发动机、压缩机、冷凝器、蒸发器通过传动带、管道连接成一个整体，安装在一个专用机架上，构成一个独立系统，由副发动机带动，通过车内送风管将冷风送入车室内。

分体式空调是指将压缩机、冷凝器以及独立式空调的副发动机等结构部分或全部分开布置，用管道连接成一个制冷系统。

分散式空调是指将蒸发器、冷凝器、压缩机等部件分散安装在汽车各个部位，并用管道相连接，一般为轿车空调系统所采用。

### 4. 按空调控制方式不同分类

按空调控制方式不同，汽车空调可分为手动空调、半自动空调和全自动空调。

手动空调只能手动对冷/热风的温度和风量进行粗略的分级调节，不能设定车内空调的具体温度。但由于成本低廉、机械式操控、结构简单，因此大多数经济型轿车都采用旋钮式的手动空调。

半自动空调与手动空调的主要区别在于采用电动机和控制模块等取代手动旋钮，其操纵系统可根据驾驶员的设定工作，将空调温度控制在设定的值，但是风速还是手动调节的。由于可以进行部分自动控制，成本也适中，因此半自动空调在一些中档轿车上有装配。

全自动空调利用传感器随时监测车内外温度的变化，并把检测到的信号送给空调的 ECU，ECU 通过执行元件不断地对风机转速、出风速度、送风方式及压缩机工作状况等进行调节。目前在中高级轿车上都采用全自动空调。

### 5. 按蒸发器布置方式不同分类

按蒸发器布置方式不同，汽车空调可分为仪表台式空调和顶置式空调。

仪表台式空调经常称为前置式空调。蒸发器安装在仪表台之下，与车内内饰融为一体，布置美观。

顶置式空调的蒸发器吊置于车内顶上，因此又称顶置式空调，一般常安装于中部，有的人称其为中央空调。这种布置方式的优点是车内降温平衡，整体降温平衡，从而克服了仪表台式空调的缺点。

## 三、汽车空调系统的组成

汽车空调系统能够使车内的温度、湿度等保持在适宜状态，通常由制冷系统、暖风系

统、通风系统和控制系统四个子系统组成，如图8-1-1所示。这四个子系统共同作用就能实现对车内空气的调节。

### 1. 制冷系统

1）作用

制冷系统的作用就是在夏季对车内空气或由外部进入车内的新鲜空气进行冷却、除湿，为车内提供冷气，使车厢内变得凉爽舒适。同时，也可以消除因过热给驾驶员带来的疲倦和困意，提高驾驶安全性。

2）组成

制冷系统主要由压缩机、冷凝器、储液干燥器、膨胀阀和蒸发器等组成，它们之间由

图8-1-1 汽车空调系统组成

特制的橡胶软管和金属管路连接，形成一个封闭的制冷循环系统，如图8-1-2所示。

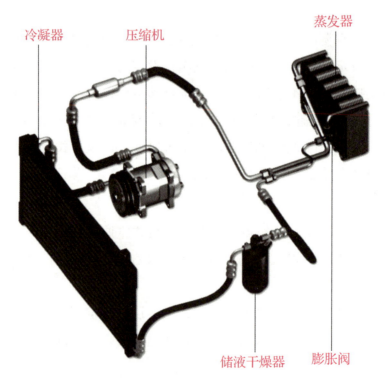

图8-1-2 汽车空调制冷系统组成

### 2. 暖风系统

1）作用

暖风系统的作用就是对车内空气或进入车内的外部空气进行加热。现代汽车空调都是冷暖一体化的装置，用户可以通过操纵手柄设定热、冷风量的比例，将热、冷风混合成所需温度的风后再送入车内，并通过调节风速的高低选择合适的风量，满足人们对温度舒适性的要求。

2）分类

按照热源的不同，暖风系统可以分成余热式暖风系统和独立热源式暖风系统。

余热式暖风系统：它是利用发动机冷却液或排出废气的余热作为热源的暖风系统，其中利用发动机冷却液作为热源是轿车暖风系统最普遍采用的方式。

独立热源式暖风系统：它是装有专门燃烧装置的暖风系统，先通过燃料的燃烧产生大量的热量，再对车内供暖。这种类型多用在客车和载货车上。

3）组成

利用发动机冷却液余热进行加热的暖风系统，实际上是在冷却系统中并联安装一套散热器。它主要由出水管、热水阀、加热器芯和回水管等组成，如图 8-1-3 所示。其中热水阀在很多轿车中已经取消，加热器芯安装在车厢内的仪表板下。因此轿车暖风系统的结构非常简单。

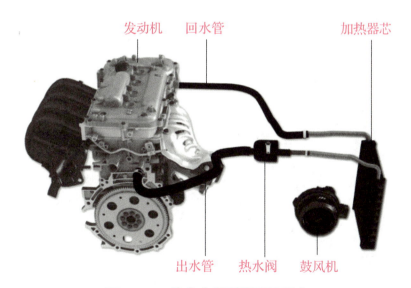

图 8-1-3　汽车空调暖风系统组成

### 3. 通风系统

1）作用

如果长时间坐在密闭的车内，乘员会觉得胸闷，这是因为空气中缺氧造成的，此时应及时地打开车窗通风。而当行驶在高速公路上或车外环境较差的路面，不便开窗通风时，通过操纵空调开关或旋钮，就能对车内进行通风。

通风系统的作用就是不断将新鲜空气引入乘客厢内，并通过净化装置对空气进行清洁，以提高车内空气的清新度。

2）组成

汽车空调系统中的空气流经一条曲折的通道，从进风口流动到出风口，然后被分配到整个乘客厢。这套管道系统多数用模压塑料制成，在通道上面配置鼓风机、过滤器、风门等部件，即组成了汽车空调的通风系统，如图 8-1-4 所示。

### 4. 控制系统

1）作用

汽车空调控制系统的作用就是对制冷系统、暖风系统和通风系统进行综合控制，使其能正常工作并尽可能优化，从而维持车厢内所需的舒适性条件。

2）组成

空调控制系统主要包括压缩机的控制、鼓风机的控制和风门的控制等。对驾驶员来说，主要就是通过空调操控面板对空调系统进行控制。主要由空调出风口选择、风量调节和温度调节 3 个旋钮和内/外循环切换、后窗除霜和空调开关 3 个按钮组成，如图 8-1-5 所示。

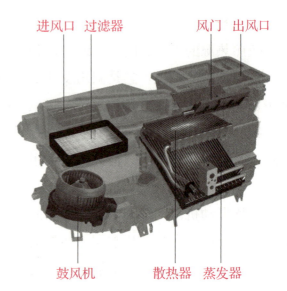

图 8-1-4　汽车空调通风系统组成

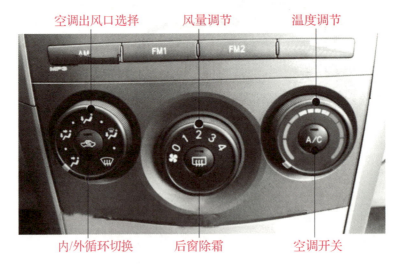

图 8-1-5　汽车空调控制系统

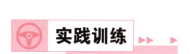

## 实践训练

汽车空调系统
基本性能检查

### 一、实施计划

汽车空调系统基本性能检查主要包括温度检测、湿度检测、压力检测等。

### 二、工量具的选用

需要用到的工具和量具有干湿计、风速仪、压力表、温度计、翼子板布、格栅布等。

### 三、实施步骤

| 序号 | 步骤 | 内容 |
|---|---|---|
| 1 | 安装车辆防护 | 打开车门，安装三件套，分别为_____、_____、_____ |
| 2 | 基本操作与检查 | 1. 鼓风机的操作与检查<br>2. 压缩机的操作与检查<br>3. 出风模式的操作与检查<br>4. 温度测量<br>5. 湿度测量<br>6. 风速测量<br>7. 静态压力测量<br>8. 动态压力测量 |
| 3 | 取下防护 | 取下防护套装（翼子板布、格栅布），关闭发动机舱盖，取下三件套，将工量具归位 |

## 任务评价

请完成以下任务评价：

| 任务完成情况： | | |
|---|---|---|
| 评价项目 | 完成情况 | |
| 性能测试是否完整？ | □是 | □否 |
| 过程中所用工具是否归位？ | □是 | □否 |
| 工作过程中操作是否规范？ | □是 | □否 |
| 自我评价： | | |

续表

| 根据任务完成情况，学生进行自我评估并提出改进意见： |
| :--- |
| 教师评价： |
| 根据任务完成情况，教师对学生进行评价并提出改进意见： |

请根据任务完成情况打分（满分100）

| 自我评价 | 组长评价 | 教师评价 | 总分 |
| :---: | :---: | :---: | :---: |
| | | | |

# 任务2　空调制冷系统的检修

## 任务目标

（1）了解汽车空调制冷系统，掌握制冷系统的基本知识；

（2）能够根据空调制冷系统故障现象制订维修计划，选取维修设备；

（3）能够进行空调组件拆装，熟悉操作流程；

（4）养成查阅资料的习惯，提升与客户的交流技巧，贯彻环保理念。

## 案例导入

　　一辆轿车，车主反映打开空调，制冷效果不好。经检查，制冷剂泄漏，加注后制冷效果恢复正常。

## 任务分析

　　汽车空调系统制冷不足一般是由于制冷剂泄漏或制冷系统中相关组件故障导致。经检查排除组件故障，确定是制冷剂泄漏，因此需要进行制冷剂加注。

汽车空调制冷
系统组成与
工作原理

## 一、汽车空调制冷系统的组成

汽车空调制冷系统主要由压缩机、冷凝器、储液干燥器、膨胀阀、蒸发器和连接管路等组成，各部件之间采用钢管（或铝管）和高压橡胶管连接成一个密闭系统，如图 8-2-1 所示。

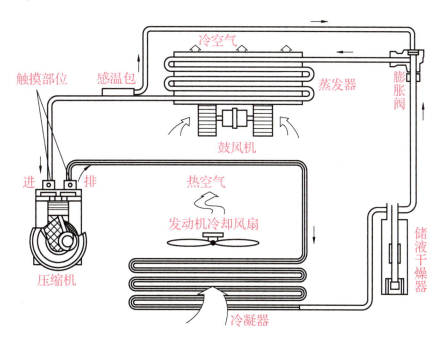

图 8-2-1　汽车空调制冷系统组成

### 1. 压缩机

空调压缩机是制冷系统的心脏，其作用是吸入来自蒸发器的低温低压气态制冷剂，压缩成高温高压状态后送往冷凝器，保证制冷剂在系统中循环流动。

压缩机按照运动形式和主要零部件形状，可分为往复活塞式压缩机和旋转式压缩机。

往复活塞式压缩机可分为曲轴连杆式压缩机、径向活塞式压缩机及轴向活塞式压缩机。其中，轴向活塞式压缩机包括斜盘式压缩机和摇板式压缩机两种。

旋转式压缩机可分为旋转叶片式压缩机、转子式压缩机、螺杆式压缩机及涡旋式压缩机。

压缩机按照排量是否可变，可分为定排量式压缩机和变排量式压缩机。其中变排量式压缩机在新型轿车中应用得越来越广泛。

1）曲轴连杆式压缩机

曲轴连杆式压缩机的结构与发动机曲柄连杆机构相似，如图8-2-2所示，曲轴连杆式压缩机在小型车上已淘汰，在部分大型客车上仍然被广泛采用。

2）斜盘式压缩机

斜盘式压缩机是一种轴向往复活塞式压缩机，它由离合器、主轴、斜盘、活塞、进气阀片和排气阀片等零部件组成，如图8-2-3所示。

图8-2-2　曲轴连杆式压缩机

图8-2-3　斜盘式压缩机

3）摇板式压缩机

摇板式压缩机与斜盘式压缩机同属于轴向往复活塞式压缩机，它们的不同点是斜盘式压缩机的活塞运动属于双向作用式，而摇板式的活塞运动属于单向作用式。摇板式压缩机的气缸以压缩机的轴线为中心均匀分布，连杆连接活塞与摆盘；主轴和楔形传动板连接在一起，楔形传动板驱动摆盘，摆盘中心用钢球作支承，并用两个固定的锥齿轮限制摆盘只能摇动而不能转动，如图8-2-4所示。

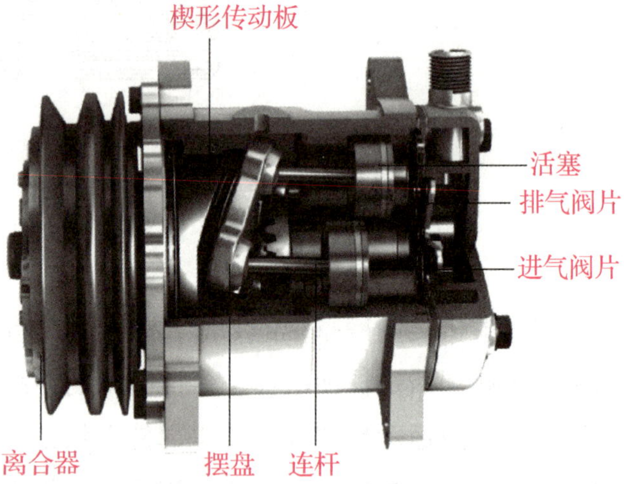

图8-2-4　摇板式压缩机

4）旋转叶片式压缩机

旋转叶片式压缩机（简称旋叶式压缩机）由转子、叶片、阀片组和前后端盖等组成，如图8-2-5所示。

5）涡旋式压缩机

涡旋式压缩机可以称为新一代压缩机，其主要由动涡卷与静涡卷组成，如图8-2-6所示。动、静涡卷的结构十分相似，都是由端板和端板上伸出的渐开线型涡卷组成，两者偏心配置并且相差180°。静涡卷静止不动，而动涡卷在专门机构的约束下，由曲柄轴带动做偏心回转运动。

　　压缩机旋转时，动涡卷相对于静涡卷运动，使两者之间月牙形空间的容积和位置都发生变化，容积在外部进气口处大，在中心排气口处小。进气口容积增大使制冷剂吸入，当到达中心排气口部位时，容积缩小，制冷剂被压缩排出。

图 8-2-5　旋转叶片式压缩机　　　　　　图 8-2-6　涡旋式压缩机

　　6）变排量式压缩机

　　在制冷系统工作时，变排量式压缩机的主轴一直处于旋转状态，它可根据制冷负荷及发动机转速等参数，在一定范围内连续平稳地改变排量，从而实现制冷系统流量的调节。

　　变排量式压缩机是在摇板式固定排量压缩机上取消电磁离合器压板与电磁线圈，增加一个电控调节阀，调节阀受空调 ECU 占空比信号的控制。斜盘腔与吸气通道相连，调节阀安装在吸气通道（低压）和排放通道（高压）之间，如图 8-2-7 所示。

图 8-2-7　变排量式压缩机

　　空调 ECU 控制调节阀的电磁线圈通电时，调节阀闭合，此时在吸气侧与排放侧会产生一个压差，斜盘室内的压力降低。然后，作用在活塞右侧的压力将高于作用在活塞左侧的压力，这样就会压缩弹簧并倾斜摇板。因此，活塞行程增加，排量增加，如图 8-2-8 所示。

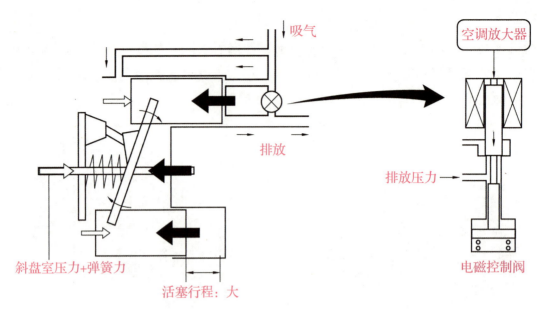

图 8-2-8　电磁线圈通电

当空调 ECU 控制调节阀的电磁线圈断电时，调节阀在下端弹簧的作用下上移，连通吸气侧与排放侧，压差消失。然后，作用在活塞左侧的压力将变得与作用在活塞右侧的压力相同，弹簧伸长且消除摇板的倾斜。因此，活塞行程变小，排量减少，如图 8-2-9 所示。

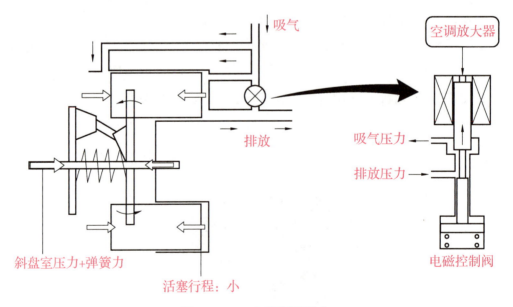

图 8-2-9　电磁线圈断电

7）电磁离合器

压缩机由发动机曲轴通过传动皮带驱动，电磁离合器就安装在它们之间，其作用是控制发动机与压缩机的动力传递。当需要空调制冷系统工作时，电磁离合器结合，使发动机能驱动压缩机运转；当需要制冷系统停止运行时，切断发动机到压缩机的动力传递。

电磁离合器的主要组成部件有：压板、皮带轮、电磁线圈和轴承等，如图8-2-10所示。

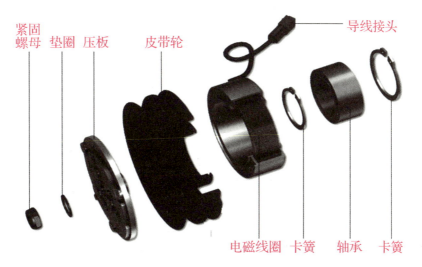

图8-2-10　电磁离合器

### 2. 冷凝器

1）作用

冷凝器的作用是将压缩机排出的高温、高压气态制冷剂进行冷却，使之凝结为液体。冷凝器一般安装在散热器的前面，利用发动机冷却风扇将制冷剂放出的热量传送到空气中去。

2）结构

冷凝器上有制冷剂管路、散热翅片、入口和出口，管路和翅片设计成尽可能大的表面积，增强散热效果。

如图8-2-11所示，根据冷凝器结构的不同，冷凝器可分为平行流动式、管带式和圆管式。

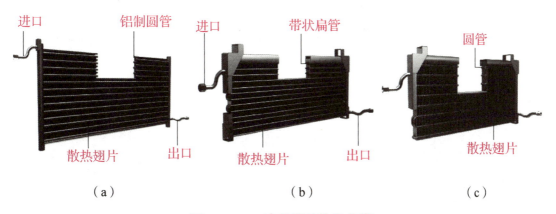

（a）　　　　　　　　　　（b）　　　　　　　　　　（c）

图8-2-11　冷凝器结构及分类

（a）平行流动式；（b）管带式；（c）圆管式

3）工作过程

如图8-2-12所示，经压缩机压缩后的高温、高压气态制冷剂，从冷凝器顶端的入口进入冷凝器内部螺旋状管路，高温制冷剂将热量传递给冷凝器的管路和散热翅片，发动机冷却

风扇运转，促使周围的空气对管路和散热翅片进行冷却，制冷剂释放潜热后凝结成液态。最后从冷凝器底部出口流出的制冷剂为高压、中温液态。

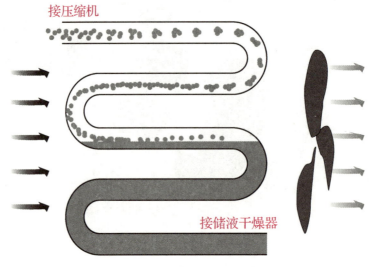

图 8-2-12　冷凝器工作过程

### 3. 蒸发器

1）作用

蒸发器的作用是将经过节流降压后的液态制冷剂在蒸发器内沸腾汽化，吸收蒸发器表面周围空气的热量而使之降温，鼓风机再将冷风吹到乘客厢内，让乘客厢内的空气冷却并去除水蒸气。

2）结构

蒸发器通常位于仪表台下方的空调箱壳体总成内。它由螺旋管、散热片、入口管路和出口管路等组成。散热片多数由铝合金制成，它是一种有效的热交换材料。

根据蒸发器的外形不同，可分为叠层式、管带式和圆管式等，其中叠层式在轿车中使用得越来越多，如图 8-2-13 所示。

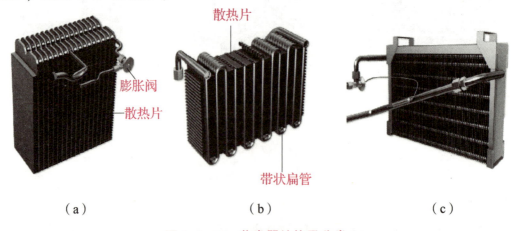

（a）　　　　　　　　　　（b）　　　　　　　　　　（c）

图 8-2-13　蒸发器结构及分类

（a）叠层式；（b）管带式；（c）圆管式

3）工作过程

蒸发器工作过程如图8-2-14所示，与冷凝器正好相反，从膨胀阀或节流孔管进入蒸发器的制冷剂，由于体积突然膨胀会变成低温低压雾状物，这种状态的制冷剂很容易沸腾后汽化，汽化过程中的制冷剂吸收从鼓风机过来的空气的热量，使制冷剂由液态逐渐变成气态。同时，空气中的水蒸气被冷凝在蒸发器上形成小的水滴，水滴聚集在蒸发器底部，并排出车外，这就是空调制冷系统除湿的原理。在湿度较大的天气或冬天，挡风玻璃上会形成一层雾气，阻碍驾驶员的视线，从而导致危险出现。此时，蒸发器的除湿（除雾）功能就能发挥较大的作用。

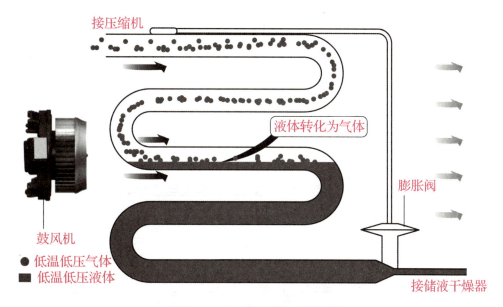

图8-2-14 蒸发器工作过程

**4. 膨胀阀**

膨胀阀安装在蒸发器的入口处，它可以通过改变节流孔的尺寸来控制进入蒸发器的制冷剂流量。根据结构和原理不同，膨胀阀又分为内平衡式膨胀阀、外平衡式膨胀阀和H形膨胀阀。

1）内平衡式膨胀阀

内平衡式膨胀阀如图8-2-15所示，包括感温包、毛细管、膜片、推杆、球阀和压力弹簧等。

如果空调负荷增加，液态制冷剂在蒸发器内提前蒸发完毕，则蒸发器出口制冷剂温度将升高，紧贴蒸发器出口的感温包内制冷剂膨胀，压力增加，再通过毛细管传递到膜片上方，推动推杆使膨胀阀开度增大，进入蒸发器中的制冷剂流量就会增加，制冷量增大，如图8-2-16所示。

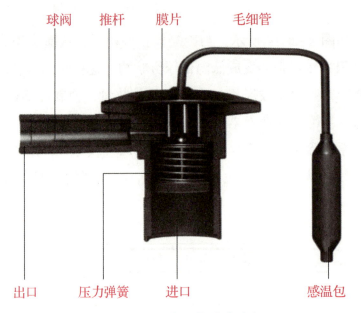

图 8-2-15　内平衡式膨胀阀

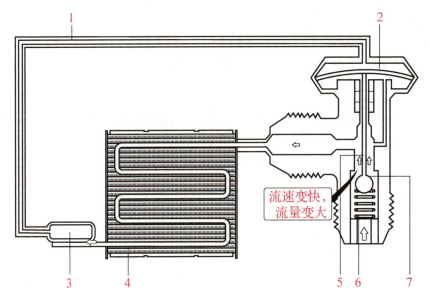

1—毛细管；2—膜片；3—感温包；4—蒸发器；5—推杆；6—压力弹簧；7—球阀。

图 8-2-16　空调负荷增加

　　如果空调负荷减小，则蒸发器出口制冷剂温度降低，紧贴蒸发器出口的感温包内制冷剂收缩，压力减小，再通过毛细管传递到膜片上方，压力弹簧推动推杆使膨胀阀开度减小，制冷剂的流量变小，如图 8-2-17 所示。

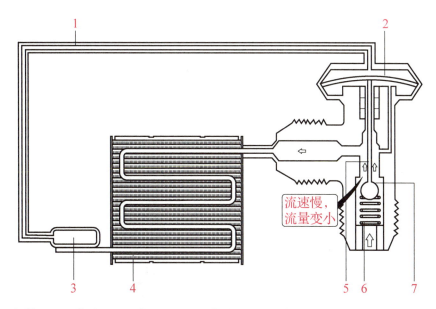

1—毛细管；2—膜片；3—感温包；4—蒸发器；5—推杆；6—压力弹簧；7—球阀。

**图 8-2-17　空调负荷减小**

## 2）外平衡式膨胀阀

外平衡式膨胀阀与内平衡式膨胀阀工作原理基本相同，区别在于内平衡式膨胀膜片下方承受的是蒸发器入口压力，而外平衡式膨胀阀膜片下方承受的是蒸发器出口压力。如图 8-2-18 所示，外平衡式膨胀阀利用一根外平衡管，将蒸发器出口的压力引入膜片下方，由于汽车空调系统中制冷剂在蒸发器里的压力损失较大，因此外平衡式膨胀阀对制冷剂流量的控制精度优于内平衡式膨胀阀。

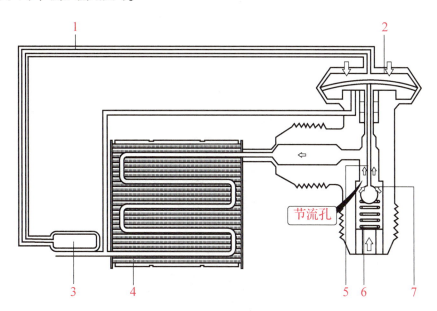

1—毛细管；2—膜片；3—感温包；4—蒸发器；5—推杆；6—压力弹簧；7—球阀。

**图 8-2-18　外平衡式膨胀阀工作过程**

3）H形膨胀阀

H形膨胀阀安装在蒸发器的入口和出口处，通常位于发动机舱防火墙上。如图 8-2-19 所示，它共有四个接口与制冷系统连接。四个接口分为两组，呈 H 形布置，它的内部有钢球和压力弹簧，顶端有一个感温元件。

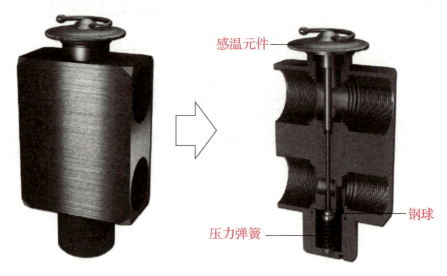

图 8-2-19  H 形膨胀阀

**5. 储液干燥器**

储液干燥器用于装有膨胀阀的空调系统中，位于冷凝器和膨胀阀之间的高压侧。如图 8-2-20 所示，它包括储存瓶、过滤网、干燥剂和输液管等。其中储存瓶用来储存液态制冷剂；过滤网用来去除冷冻油和制冷剂中的杂质；**干燥剂**用来除去系统中的湿气；**输液管**的入口在储存瓶的底部，确保只有液态制冷剂才能离开储液干燥器。在部分车辆上，储液干燥器上设置视液口（观察窗）和压力开关。

图 8-2-20  储液干燥器

## 二、汽车空调制冷系统的工作原理

制冷系统工作时，制冷剂以不同的状态在密闭系统内循环流动，如图 8-2-21 所示。每一个循环有四个基本过程。

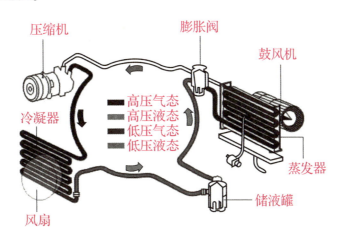

压缩机　　　　膨胀阀
　　　　　　　　　　　鼓风机
　　　　　　高压气态
　　　　　　高压液态
冷凝器　　　低压气态
　　　　　　低压液态
　　　　　　　　　　　　蒸发器
　　　　　　　　　　储液罐
风扇

图 8-2-21　制冷系统工作原理

### 1. 压缩过程

压缩机工作时，蒸发器出口的低温低压气态制冷剂，经压缩机压缩后成为高温高压的气体，然后经高压管路进入冷凝器。在此过程中，压缩机吸气口的温度和压力分别为 0 ℃ 和 150 kPa 左右，出气口的温度和压力分别为 80 ℃ 和 1 500 kPa 左右，制冷剂为高温高压气态。

### 2. 放热过程（冷凝过程）

进入冷凝器的高温高压气体，在冷却风扇的冷却下，制冷剂降温由气体变为液体，然后流向储液干燥器脱水干燥。在此过程中，高温高压制冷剂通过冷凝器放出大量的热量，制冷剂由高压气体转变为高压液体。

### 3. 节流过程（膨胀过程）

经过脱水干燥后的高压液体制冷剂进入膨胀阀，由于膨胀阀的进口空间小（截面积小），出口空间大（截面积大），即具有节流作用，因此制冷剂从膨胀阀流出后体积变大、压力降低、温度降低。在此过程中，制冷剂的压力和温度均降低，但制冷剂的液态状态没有改变。

### 4. 吸热过程（蒸发过程）

由膨胀阀节流后进入蒸发器的液态雾状制冷剂，由于其压力和温度均已降低，沸点已低于蒸发器内的温度（车内的温度），所以制冷剂由液态蒸发为气态，吸收蒸发器周围的热量（车内的热量），使车内温度降低。在此过程中，液态制冷剂经蒸发器吸热汽化后变为低压气体，之后低压气体制冷剂经低压管路流回压缩机，再进行下一个工作制冷循环。

与此同时，车外冷风流过冷凝器，制冷剂热量经冷凝器被排入大气；在鼓风机的作用下，热空气流过蒸发器放热后变成冷空气，被导入车内制冷降温。

## 三、汽车空调制冷系统组件的拆装

**1. 压缩机**

1）压缩机的拆卸

（1）回收制冷系统中的制冷剂。

（2）如图8-2-22所示，选用合适工具松开螺栓A和B，再松开螺栓C，向发动机侧推动发电机，然后取下传动带。

（3）如图8-2-23所示，选用合适工具拆下压缩机上低压管和高压管的固定螺栓。

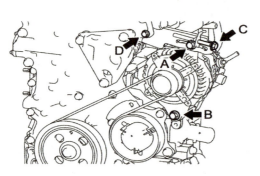

图8-2-22　压缩机的拆卸1

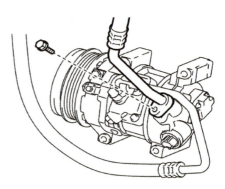

图8-2-23　压缩机的拆卸2

（4）取下低压管和高压管后用胶带缠绕管口，防止湿气和异物进入制冷系统管路。

（5）断开压缩机电磁阀线束连接器。

（6）选用合适工具拆下压缩机的固定螺栓和螺母，再小心取下压缩机总成。

2）压缩机的检测

用万用表电阻挡测量压缩机电磁阀端子1与2的阻值，应为10~11 Ω。

3）压缩机的安装

（1）安装压缩机并按规定扭矩拧紧固定螺栓与螺母，如图8-2-24所示。

（2）更换高压管与低压管口上的密封圈，并在密封圈上涂少许冷冻油。

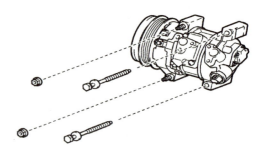

图8-2-24　压缩机的安装

（3）安装高压管与低压管到压缩机上，并按规定扭矩拧紧固定螺栓。

（4）连接压缩机电磁阀线束连接器。

（5）安装传动带到皮带轮上，如图8-2-22所示，转动螺栓C，以调节传动带的张紧力，然后再紧固螺栓A和B到规定扭矩。

（6）抽真空并检查制冷系统是否存在泄漏。

（7）加入规定量的制冷剂。

### 2. 冷凝器

（1）选用合适工具拆下前保险杠的所有固定螺钉与卡扣。

（2）拔下左、右雾灯线束连接器，并取下前保险杠。

（3）拔下喇叭线束连接器，取下发动机舱盖锁拉绳。

（4）选用合适工具拆下散热器与冷凝器上支架固定螺栓，并取下支架。

（5）选用合适工具拆下冷凝器入口与出口连接管路的固定螺栓，并分离入口与出口管路。

（6）用胶带缠绕入口与出口管路管口，防止湿气和异物进入制冷系统管路。

（7）向上提起并取下冷凝器。

### 3. 膨胀阀

（1）选用合适工具拆下高、低压管压板与膨胀阀固定螺栓，并移开压板。

（2）选用合适工具拆下膨胀阀与蒸发器固定的两个螺栓。

（3）分离高、低压管路与膨胀阀。

（4）取下膨胀阀。

**实践训练**

## 一、实施计划

汽车空调系统基本性能检查主要包括温度检测、湿度检测、压力检测等。

## 二、工量具的选用

需要用到的工具和量具有制冷剂回收加注机、工作灯、检漏仪、翼子板布、格栅布等。

## 三、实施步骤

| 序号 | 步骤 | 内容 |
|---|---|---|
| 1 | 安装车辆防护 | 打开车门，安装三件套，分别为_____、_____、_____ |
| 2 | 制冷系统检漏 | 1. 外观检漏<br>2. 电子检漏仪检漏 |

续表

| 序号 | 步骤 | 内容 |
|---|---|---|
| 3 | 制冷剂回收与加注 | 1. 制冷剂的回收<br>2. 抽真空<br>3. 保压检漏<br>4. 注冷冻油<br>5. 再次抽真空<br>6. 加注制冷剂<br>7. 管路清理 |
| 4 | 复检 | 维修工作完成后，确认故障是否排除：□是　　□否 |
| 5 | 取下防护 | 取下防护套装（翼子板布、格栅布），关闭发动机舱盖，取下三件套，将工量具归位 |

## 任务评价 ▶▶ ▶

请完成以下任务评价：

| 任务完成情况： | | |
|---|---|---|
| 评价项目 | 完成情况 | |
| 空调制冷是否正常？ | □是 | □否 |
| 过程中所用工具是否归位？ | □是 | □否 |
| 工作过程中操作是否规范？ | □是 | □否 |

自我评价：

根据任务完成情况，学生进行自我评估并提出改进意见：

教师评价：

根据任务完成情况，教师对学生进行评价并提出改进意见：

请根据任务完成情况打分（满分100）

| 自我评价 | 组长评价 | 教师评价 | 总分 |
|---|---|---|---|
| | | | |

# 任务3 空调暖风系统的检修

## 任务目标

(1) 了解汽车空调暖风系统，掌握暖风系统的基本知识；

(2) 能够根据空调暖风系统故障现象，制订维修计划，选取维修设备；

(3) 能够进行空调暖风系统组件更换，熟悉操作流程；

(4) 养成查阅资料的习惯，提升与客户的交流技巧，贯彻环保理念。

## 案例导入

一辆别克威朗轿车，车主反映打开暖风，出风口无暖风。经检查，为加热器芯故障，更换后故障排除。

## 任务分析

汽车空调系统出风口无暖风可能的原因有：冷却液过少、空调系统模块局部故障、加热器芯故障等。经排查，确定为加热器芯故障，因此需要更换。

## 知识支撑

### 一、汽车空调暖风系统的作用

冬季，汽车空调暖风系统能够根据驾驶员的设置，将车内温度升高至适宜温度，提高车内人员舒适性。在车内外温差较大时，车窗玻璃会出现霜、雾，影响驾驶员视线，暖风系统能够除掉车窗上的霜、雾，以保证行车安全。

如别克威朗暖风系统，发动机冷却液是其暖风系统的关键因素。节温器控制发动机工作的冷却液温度，节温器还为冷却系统产生节流，这加快了正向冷却液流动并有助于防止气蚀。在压力状态下，冷却液通过加热器进口软管进入加热器芯。

加热器芯位于暖通空调（Heating, Ventilation and Air Conditioning, HVAC）模块内部。

冷却液的热量流经加热器芯被流经 HVAC 模块的环境空气吸收。暖风通过 HVAC 模块分配到乘客厢，以保证乘客的舒适。

通过打开或关闭 HVAC 模块空气温度风门控制分配到乘客厢的暖风量。冷却液通过回流加热器软管流出加热器芯，并且通过发动机冷却系统循环返回。

## 二、汽车空调暖风系统的组成及位置

轿车、大型货车以及一些采暖要求不高的大客车通常采用水暖式暖风系统，即利用发动机冷却液的热量。水暖式暖风系统组成及位置如图 8-3-1 所示，主要包括热水阀、加热器、鼓风机等。

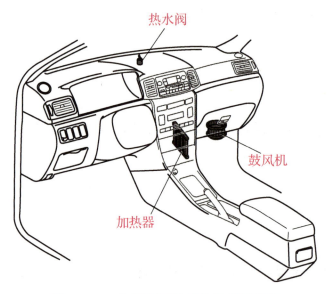

图 8-3-1　水暖式暖风系统组成及位置

### 1. 热水阀

热水阀安装在发动机冷却液通道中，用于控制进入加热器的发动机冷却液流量。通过移动控制面板上的温度调节杆，便可操纵热水阀。

### 2. 加热器

加热器结构、外形与散热器相似。当热水阀打开时，发动机冷却液（大约 80 ℃）流入加热器芯，并加热穿过加热器芯的空气。

轿车空调通常采用整体式空调器，它将加热器和蒸发器组装在一个箱体内，共用一个鼓风机和外壳，但是两者之间用阀门隔开，可以实现全功能空调。

### 3. 鼓风机

鼓风机的作用是加强冷凝器或加热器的换热效果，是空调系统中必不可少的电器元件之一，汽车上的鼓风机电动机是一个普通的直流电动机。鼓风机电动机总成由电动机和叶片组成。

项目 8  空调系统检修

汽车空调的鼓风机通常采用离心式风机，风压高，可以迅速将冷空气或热空气吹到车厢内每个乘员身上，工作效率高。

### 三、汽车空调暖风系统的工作原理

水暖式暖风系统一般以水冷式发动机冷却系统中的冷却液为热源，将冷却液引入车厢内的热交换器中，使鼓风机送来的车厢内空气与热交换器中的冷却液进行热交换，鼓风机将加热后的空气送入车厢内，如图 8-3-2 所示。

发动机冷却系统中的热水由进水管从发动机水套引出，再通过出水管返回发动机冷却系统。进、排风系统由进、出风筒，出风口和控制风门组成。暖风机本体由直流电动机、鼓风机、本体进风口、机箱和本体出风口以及螺旋室等组成。

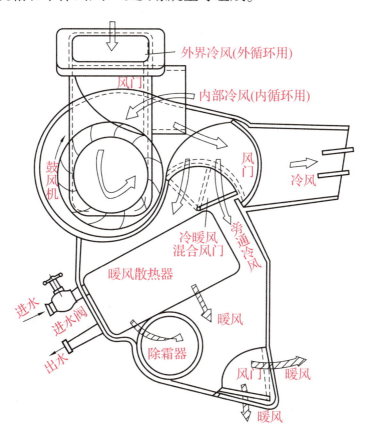

图 8-3-2  水暖式暖风系统工作原理

### 一、实施计划

根据案例中出现的情况，确定为加热器芯故障，因此需要更换。

## 二、工量具的选用

需要用到的工具和量具有专用工具、翼子板布、格栅布等。

## 三、实施步骤

| 序号 | 步骤 | 内容 |
|---|---|---|
| 1 | 安装车辆防护 | 打开车门，安装三件套，分别为_____、_____、_____ |
| 2 | 加热器芯拆卸 | 1. 排空冷却系统<br>2. 拆下左侧前地板控制台加长板<br>3. 将保护盖和合适的接油盘至于加热器芯之下，以保护地毯<br>4. 拆下加热器芯罩螺钉<br>5. 拆下加热器芯罩<br>6. 拆下 2 个加热器芯卡箍<br>7. 从加热器芯上拆下 2 个加热器芯管<br>8. 拆下加热器芯<br>9. 拆下并报废 2 个加热器芯管密封环 |
| 3 | 加热器芯安装 | 1. 安装加热器芯<br>2. 安装 2 个新的加热器芯管密封环<br>3. 安装 2 个加热器芯管<br>4. 紧固 2 个加热器芯卡箍<br>5. 安装加热器芯罩<br>6. 安装加热器芯罩螺钉并紧固 2.5 N·m（22 英寸·磅力）<br>7. 安装左侧前地板控制台加长板<br>8. 加注冷却液 |
| 4 | 复检 | 维修工作完成后，确认故障是否排除：□是　　□否 |
| 5 | 取下防护 | 取下防护套装（翼子板布、格栅布），关闭发动机舱盖，取下三件套，将工量具归位 |

 **任务评价** ▶▶ ▶

请完成以下任务评价：

| 任务完成情况： | |
| --- | --- |
| 评价项目 | 完成情况 |
| 风量是否正常？ | □是　　□否 |
| 过程中所用工具是否归位？ | □是　　□否 |
| 工作过程中操作是否规范？ | □是　　□否 |

| 自我评价： |
| --- |
| 根据任务完成情况，学生进行自我评估并提出改进意见： |
| |

| 教师评价： |
| --- |
| 根据任务完成情况，教师对学生进行评价并提出改进意见： |
| |

请根据任务完成情况打分（满分100）

| 自我评价 | 组长评价 | 教师评价 | 总分 |
| --- | --- | --- | --- |
| | | | |

# 参 考 文 献

[1] 赵福堂. 汽车电器与电子设备 [M]. 3 版. 北京：北京理工大学出版社，2009.

[2] 姚胜华. 汽车电气与电子控制技术 [M]. 广州：华南理工大学出版社，2010.

[3] 张少洪，王晓，韩卫国. 汽车电气系统检修 [M]. 北京：机械工业出版社，2019.

[4] 刘春晖，张斌. 汽车车身电控系统原理与检修 [M]. 北京：机械工业出版社，2012.

[5] 张光磊，周羽皓. 汽车电器故障诊断与修复 [M]. 北京：人民交通出版社股份有限公司，2018.

[6] 董恩国. 汽车车身电控系统原理与检修 [M]. 北京：机械工业出版社，2012.

[7] 邢艳云. 汽车车身电控技术 [M]. 北京：清华大学出版社，2014.

[8] 段春艳. 汽车电器构造检修及案例分析 [M]. 北京：机械工业出版社，2012.

[9] 刘占峰，宋力，赵丹平. 汽车空调 [M]. 北京：北京大学出版社，2008.

[10] 张蕾. 汽车空调 [M]. 北京：机械工业出版社，2021.